생명의 천체도

생명의 천체도

초판 1쇄 발행 2025년 4월 25일

지은이 박정숙
펴낸이 장길수
펴낸곳 지식과감성#
출판등록 제2012-000081호

교정 김지원
디자인 강샛별
편집 강샛별
검수 이주희, 이현
마케팅 김윤길

주소 서울시 금천구 벚꽃로298 대륭포스트타워6차 1212호
전화 070-4651-3730~4
팩스 070-4325-7006
이메일 ksbookup@naver.com
홈페이지 www.knsbookup.com

ISBN 979-11-392-2564-8(03810)
값 15,000원

- 이 책의 판권은 지은이에게 있습니다.
- 이 책 내용의 전부 또는 일부를 재사용하려면 반드시 지은이의 서면 동의를 받아야 합니다.
- 잘못된 책은 구입하신 곳에서 바꾸어 드립니다.

 이 책은 양산시 지역문화진흥기금을 받아 제작되었습니다.

지식과감성#
홈페이지 바로가기

박정숙 수필집

생명의 천체도

책머리에

아무도 없는 골방 컴퓨터 앞에서 면벽하듯
두 번째 수필집을 엮는다. 내 맥박 소리에 기대앉아
무선 키보드를 두드리며 그간 걸어온 문학의 뒤안길을
차분히 정리한다.

내게는 분신 같은 글들을 이렇게 떠나보낸다.
문단과 문단 사이로 스산한 바람이 분다.
수필이 태양을 볼 수 있게 되어 감사하다.
묵묵히 응원해 준 남편과 딸에게도 고마운 마음을 전한다.

2025년 봄
천성산 아래서

박정숙

목차

제1부

칠레의 밤	12
혼자가 되다	17
또 다른 용돈	23
금요일 오후 두 시	28
동백꽃 어머니	33
숲애서	37
이팝나무꽃	41
가야진사	46
국화 한 송이	49

제2부

천원(天願) 56
생명의 천체도 61
이로운 물의 섬 66
천계로 가는 계단 70
해무 74
여수 밤바다 79
바다로 간 고래 83
허공을 움켜쥐다 87
켈리그라피 92

제3부

가을에 쓰는 진술서	98
회화나무	103
각시원추리꽃	108
바위 얼굴	112
난청	117
리모델링	122
세컨드 하우스	126
자리	131
10분의 자유	137

제4부

바람을 부르다 144
가을의 여백 149
석등 154
조선통신사의 길을 걷다 159
봉발탑 164
기억의 저장소 167
임경대에서 170
쌈지공원 174
모랫등 178

해설 184
- 모든 '첫'을 향한 하얀 고백

제1부

칠레의 밤

깊은 어둠이 내린다. 창밖 밤하늘에는 그믐인지 며칠 전 떠 있던 반달도 보이지 않는다. 밤하늘에 자꾸만 눈길이 머문다. 내 마음도 먹지를 갖다 댄 듯 깜깜해진다. 한없이 어둠에 잠기는 기분이다. 벽에 걸린 시계의 시침과 분침이 희미하게 빛을 방출한다. 새벽 3시다. 탁자 위의 책 한 권이 눈에 들어온다. 책을 집어 든다.

일어서서 불을 켠다. 갑자기 밝은 빛이 눈을 찌르는 듯이 지나간다. 표지는 어두운 청록 바탕이다. 커다랗게 그려진 흰색의 사람 모양이 가로로 누워 있다. 상체가 하체보다 크다. 입술 모양으로 갈라진 심장 부분이 붉다. 마치 피로 가득한 바다 같다. 검은 사제복을 입은 사람이 양손으로 긴 노를 잡고 저어 간다. 어두운 청록의 하늘에 까마귀 4마리 떨어진다. 슬픈 밤에 얇은 그믐달이 무거운 어둠을 견디지 못하고 가느다란 눈을 비비며 떠 있다. 《칠레의 밤》이다.

얼마 전, 남편과 나는 큰시누의 병문안을 갔다. 병원 주차장에 내리자, 벚꽃잎이 하늘을 분홍색으로 뒤덮고 있었다. 화사한 꽃잎은 바닥에 떨어져 내렸다. 암 병동이 무색하리만큼 꽃 세례를 맞았다.

그러나 건물 안으로 들어서자 싸늘한 냉기와 함께 엄숙함이 나를 무겁게 짓눌렀다. 코로나로 인해 병실에는 갈 수 없었다. 면회실에서 대기하는 동안 흩날리던 꽃잎 하나가 창가에 붙었다 떨어졌다. 벽은 하얗게 칠해져 있었다. 기다리는 사람들의 그림자가 드리워졌다.

그때 큰시누가 휠체어를 타고 내려왔다. 마지막이라는 것을 서로가 무언으로 알고 있는 듯했다. 옆에 있는 남편의 얼굴이 어두워졌다. 바싹 마른 몸에는 여러 개의 주머니가 주인처럼 자리를 잡고 있었다. 시어머님이 일찍 돌아가신 뒤, 형제들을 돌봐준 엄마 같은 누님이었다.

흐르는 눈물을 주체할 수 없었다. 시누는 작은 볼을 타고 떨어지는 눈물을 감추며 마주 선 우리에게 한마디를 건넸다.

"남에게 악한 일을 안 하고 살았는데 나에게 왜 이런 일이 생기는지."

억울함이 담긴 독백은 세상을 향한 마지막 절규처럼 들렸다. 눈물을 보이지 않으려고 창밖으로 시선을 돌렸다. 시누의 독백을 따라 떨어지던 꽃잎이 창문에 부딪히며 바람에 흩날리고 있었다.

감정을 억제하면서 활자를 꾹꾹 눌러가며 읽는다. 삶의 마지막을 앞에 둔 한 사제의 독백이다. 그는 세상과 타협하고 묵인하며 비인간적인 삶을 살았다. 문학의 권력에 속하고자 독재자의 논리를 설파하기도 했다. 지하실에서 고문당하는 사람들이 있다는 사실을 알면서도 지상에서는 술잔을 기울였다. 그런 그에게 죽음은 빛 한 줌 없는 캄캄한 어두움이었으리라. 침상에 누워 할 수 있는 일은 독백뿐이었다. 마지막 남긴 말이 가슴을 울린다.

"폭풍 같은 죽음 속으로…."

겨울의 연밭을 본 적이 있다. 연이 겨울 밭에 서 있을 때 바람이 불면 서걱서걱 소리를 낸다. 한여름의 아름답고 청정한 꽃을 피우고 잎을 펼치던 모습은 어디로 사라지고 없다. 겨울이 되면 온 힘을 뿌리에 모으고, 한여름에 보였던 꽃과 잎들이 모두 말라비틀어진다. 그 모습만 본다면 여름의 연밭은 상상이 되지 않는다. 겨울의 연 위로 큰시누의 바짝 마른 모습이 겹친다.

그렇지만 큰시누의 죽음은 사제의 죽음과는 다르다. 사제의 죽음은 빛 하나 없는, 상상하기조차 두려운 어두움이었다. 큰시누가 맞이하는 죽음은 마치 연뿌리를 남기는 것처럼 희망을 남겼다. 일생을 기억하고 감사하고 그리워하는 가족들이 있다. 큰시누가 떠나도 내년 여름에는 그 뿌리에서 또 다른 연꽃이 피어나리라.

장례식 날은 유난히 하늘도 울고 땅도 울부짖는 것처럼 비가 쏟아졌다. 천주교 묘지는 초록의 새순이 비바람을 견디지 못하고 허공 속에 휘어지고 있었다. 몸도 마음도 내리는 비에 젖고 또 젖어 버렸다.

줄기차게 오던 비가 장의차에서 운구를 내리자 갑자기 거짓말처럼 멈췄다. 미리 쳐 두었던 흰 천막 아래 운구를 옮겼다. 흙에 덮이는 관을 보니 이제 정말 돌이킬 수 없는 곳으로 간다는 생각이 들었다. 차마 떠나지 못하는 망자의 눈물 같은 빗방울이 또다시 흰 천막 위를 마구 두드렸다. 남편은 옷이 다 젖었는데도 아랑곳하지 않았다. 속마음도 슬픔에 흠뻑 젖어 보였다.

누구나 삶에는 이면이 있다. 뭇사람들의 존경을 받고 선망의 대상인 사람의 인생에도 그와 전혀 다른, 마치 지상과 지하실 같은 이면이 존재한다. 부족하고 힘들게 사는 인생에도 전혀 다른 가치 있는 연뿌리 같은 이면도 존재한다. 그러나 결국 인간은 보이는 모습만을 책임을 지는 것이 아니다. 보이지 않는 면에도 책임은 따른다. 어쩌면 죽음 앞에서 그 결과를 받아들여야 하는 순간이 누구에게나 있을지도 모른다.

글이 생각보다 짧아서 다행이다. 퉁퉁 부은 눈으로 책을 다 읽고 탁자 위에 놓는다. 시간은 5시를 넘어간다. 창밖은 여명이 스민다. 다시 낮이 오고 있다.

혼자가 되다

 찰각, 남편이 나가고 현관문이 잠긴다. 내 발이 따라 나가려다 멈칫거린다. 오랜 세월 타성에 길든 무의식적인 행동이다. 30여 년 다니던 직장을 그만두었다. 오늘은 퇴직 후 처음으로 맞는 수요일 아침이다. 휴일도 아닌데 출근하는 남편 뒤에 혼자 남겨진다는 게 이상하다. 마치 이상한 나라의 앨리스가 된 기분이다. 남편이 사라진 현관문을 한참 바라본다.
 익숙하지 않은 공기가 나를 감싼다. 돌아보니 집 안이 조용하다 못해 고요해진 느낌이다. 내 앞에 놓인 이 낯선 고요가 어색해 나는 괜히 두 손을 비벼본다. 종종걸음치며 바쁘게 맞물려 돌아가던 일상이 멈추고 익숙한 궤도가 사라졌다. 자동으로 이어지던 행동들이 수동으로 전환된다. 이제부터 혼자다. 무엇을 할까.

거실에 걸려 있는 파란 바탕의 시계도 멈춰 버린 듯하다. 고요한 밤이면 째깍째깍 시끄럽게 돌아가던 초침 소리조차도 어디로 숨어버렸는지 들리지 않는다. 집단의 무리 속에서 빠져나온 것이 아직은 실감이 나지 않는다. 마치 무중력 상태로 놓인 듯 붕 뜬 기분도 든다. 기분을 전환하기 위해 평소에는 즐기지 않았던 커피를 내린다. 쫄쫄 커피가 여과기를 타고 내려오는 소리를 들으니 공연히 기분이 가라앉는다.

햇살이 아파트 동쪽 창으로 훤하게 비쳐 들어 집 안은 불을 켜지 않아도 밝기만 하다. 열어 놓은 앞 베란다 너머 작은 저수지의 억새들이 상수리나무 사이로 기웃이 목을 빼고 있다. 햇빛을 만난 억새에 가을빛이 스민다. 그 은빛의 기억을 따라 마음이 흘러간다.

병원으로 출근하던 날, 그해의 가을도 오늘 같은 날이었다. 그때만 해도 주위가 개발되지 않았던 터라 병원으로 오르는 언덕길에는 억새가 만발했었다. 스물 초반, 푸르기만 했던 나는 그곳에서 30여 년을 보내고 오십 대 중반이 되어 저 억새처럼 희끗희끗한 머리로 또다시 가을을 맞고 있다. 그 긴 세월이 문득 한 순간처럼 느껴진다.

직장 생활이라는 것이 그랬다. 커다란 구조를 이루며 맞물려서 돌아가는 사회였다. 더욱이 심신이 허약한 사람들을 치유하는 병원이다 보니 서로의 협조는 필수적이었다. 직원들은 서로 이런저런 감정을 공유할 수밖에 없었다. 아침에 눈을 뜨면 출근해서 저녁 해가 기울 때까지 함께하는 사람들이 아닌가. 어쩌면 가족보다도 더 나누는 것이 많았는지도 모르겠다.

　근무 시간이 오래될수록 나는 그 구조 속에 깊숙이 자리 잡았다. 아무리 직장이라도 사람들이 어울리는 곳이다 보니 인간관계가 거미줄처럼 얽혔다. 한번 엉킨 거미줄은 상관과 동료와 수하를 막론하고 유기적인 연대를 이루는 공동체의 촉매 역할을 했다. 그렇게 너의 일은 나의 일이 되고, 나의 일은 모두의 일이 되기도 했다.

　마치 큰 나무에 매달린 무수한 나뭇잎들처럼 나는 그들과 함께 햇살도 받고, 그들과 함께 바람에 흔들리며 긴 세월을 살았다. 내 옆에는 언제나 일이 있었고, 사람들이 있었다. 주위의 공기는 언제나 빠르게 흘러갔고, 때로는 터질 듯한 긴장감으로 팽팽하게 부풀어 오르기도 했다. 그 속에서 홀로인 것은 허용되지 않았다. 혼자라는 느낌이 어떤 것인지는 빠르게만 달려가는 시간 뒤에 까마득히 남겨진 한 점처럼 희미해졌고 잊혔다.

지난해, 친정 언니 부부와 함께 여행을 갔었다. 가을의 절정을 알리듯 울긋불긋한 단풍들이 손짓했다. 우리는 구인사 입구에서부터 계곡을 따라 인증 사진을 찍느라 정신이 없었다. 그날따라 휴대전화를 두고 온 탓에 남편이 찍어 주는 대로 기다릴 수밖에 없었다. 마침, 점심 공양 시간이 다 지나가고 있었다. 참새가 방앗간을 그냥 지나칠 수 있겠는가, 나만 혼자 줄을 서서 점심 공양을 하였다. 공양이 끝난 후에 주위를 아무리 찾아보아도 남편도 언니도 보이지 않았다.

아차 하는 순간에 떠오르는 것은 휴대전화였다. 아마도 나에게 휴대전화가 없다는 것을 생각하지 못하고 계곡을 따라 올라갔는가 보다. 어련히 알아서 연락하겠거니 했을 것이다. 난감했다. 지나가는 사람들에게 휴대전화를 빌려 달라고 했더니 이상하다는 듯이 쳐다보기만 하였다. 이런 낭패가 어디 있단 말인가.

정신을 차리고 처음 올라왔던 구인사 입구에서 기다리기 위해 달리기 시작했다. 입구에 도착해서 포기하지 않고 휴대전화를 빌리기로 마음먹었다. 열 명에게나 부탁했을까, 겨우 두 명이 빌려주었지만, 깊은 계곡 탓인지 전혀 울리지 않았다. 불쑥 혼자가 되었다는 두려움이 몰려왔다.

혼자가 되었다. 혼자 딴짓하다가 무리에서 벗어나 버렸다. 연락할 수 있는 길이 없었다. 익숙하지 않은 공간 속에 갇혀 버린 느낌이 들었다. 진땀이 났다. 혼자가 된다는 것은 생각보다 훨씬 힘이 드는 일이었다.

터벅터벅 입구에서 위로 다시 걷고 또 걸었다. 그때 저 멀리서 형부가 나를 부르는 소리가 들렸다. 얼마나 반갑던지 눈물이 펑펑 쏟아졌다. 휴대전화도 없고 남의 휴대전화를 빌려서 아무리 번호를 눌러도 터지지 않았던 구인사 계곡의 아득함이 느껴지는 순간이었다.

고요를 깨며 휴대전화가 울린다. 아마도 병원에서 내가 맡았던 업무에 대해 이런저런 조언을 구하는 전화일 것이다. 뿌리를 박았던 시간이 긴 만큼 혼자가 되기에도 시간이 필요한가 보다. 직장을 떠나며 한바탕 회오리바람을 견디었는데도 지금까지 끝이 나지 않는다. 받을지 말지 망설인다. 전화를 받으면 아직은 혼자가 아니라는 약간의 안도감과 함께 모처럼의 이 자유를 옥죄는 구속을 느낄 것이다. 전화를 받지 않으면 고요한 시간은 지속되겠지만 홀로 떨어져 나온 아득함에 빠질지도 모를 일이다. 결정을 내리지 못하는 사이 휴대전화는 제풀에 지쳐 울음을 멈춘다.

아직은 갑작스러운 이 자유가 무겁다. 광활한 평야처럼 펼쳐진 시간 앞에서 길을 잃은 아이처럼 발걸음이 서성댄다. 그러나 이제는 혼자가 될 때이다. 혼자서 또 다른 나를 향해 뚜벅뚜벅 걸어갈 시간이다. 창밖의 저 억새가 시간의 바람에 다 사위기 전에 말이다. 나는 식은 커피 한 모금을 마시고 조용히 일어선다.

또 다른 용돈

　제사상에는 정성껏 마련한 음식이 가득 차려져 있었다. 큰아주버님이 양쪽에 세워진 초에 불을 밝혔다. 시아버님과 시어머님 신위에 촛불 그림자가 일렁였다. 남자들이 절을 하며 제사를 모실 때 큰형님을 필두로 우리 며느리들은 한쪽에 늘어서 두 손을 모았다. 시집온 후 처음 맞는 시아버님 제삿날이었다.
　차례가 된 남편이 깊숙이 두 번 절을 하더니 품속에서 봉투를 하나 꺼내 제사상 위에 놓았다. 지난밤 남편과 내가 의논해서 마련한 제사 비용이었다. 그때까지만 해도 친정 부모님이 건강하셔서 그렇게 직접적으로 제사에 참여해 본 적이 없었다. 이런저런 귀동냥으로 제사 비용이 얼마나 드는지 추정했다. 그리고 형제 수를 고려해 적당한 금액을 산출했다. 새댁이니만큼 큰형님이 서운하시지 않게 조금 넉넉하게 넣었다. 많았었는지 적었었는지 이후 큰형님이 내색하신 적은 없었다. 그저 제사 때마다 나 혼자서 이런저런 계산을 하곤 했을 뿐이다.

시부모님은 우리가 결혼하기 전에 이미 돌아가셨다. 4남 4녀의 대가족을 남기셨다. 남편은 다섯째 아들이다. 유독 어머니의 사랑을 많이 받았다고 했다. 남편은 특히 아버님을 많이 닮았다. 남편이 대학 2학년이던 시절 어머님이 돌아가셨다. 조금만 더 사셨으면 아들이 벌어다 드리는 용돈도 받아보셨을 텐데, 남편은 늘 그걸 아쉬워했다.

어느 날 봉투에 제사 비용 챙기며 남편은 부모님께 드리는 용돈이라고 생각하자고 했다. 그 말을 듣고 나니 정말 그 돈이 부모님께 드리는 용돈처럼 느껴졌다. 한두 푼을 가지고 계산하던 마음도 한결 사라졌다. 살아계셔서 정말 용돈을 드릴 수 있으면 남편이 얼마나 좋아할까 하는 생각도 들었다.

그런데 늘 제사를 두량하시던 큰형님이 큰 병을 얻었다. 대장암이었다. 병세가 악화되자 큰형님 손을 빌려 더 이상 제사를 모실 수 없게 되었다. 형제들이 모여 의논했다. 다른 형제들은 천주교에 올리자고 했지만, 막내 시동생은 자신이 모시겠다고 했다. 막내동서는 진주에 살고 있었다. 첫해에는 제사를 지낸

후 막내동서 집에서 하룻밤을 자고 아침에 돌아왔다. 그러나 워낙 대가족이다 보니 여러 가지가 불편했다. 그다음 해부터 우리는 지리산 휴양지에 있는 한 펜션을 숙소로 정해 놓고 편안하게 부모님을 만나러 다닌다.

아버님은 자식들을 생각하셨는지 하늘이 푸르고 단풍이 아름다운 가을날에 돌아가셨다. 덕분에 일 년에 한 번씩 원 없이 단풍 구경을 한다. 한 번도 뵙지 못한 부모님이지만 가을이 되면 절로 부모님을 생각하게 된다. 때로는 가슴이 설레기도 한다. 저 울긋불긋한 단풍들이 자식들을 반기는 부모님의 마음 같기도 해서 펜션에 도착하면 부모 품에 안긴 아이인 양 마음이 편안해진다.

오후의 햇살이 비쳐 들어 펜션 거실 안은 포근하다. 직장을 다니는 탓에 많이 돕지 못하는 것 같아 막내동서에게 늘 미안한 마음이다. 이제는 며칠 전에 은행으로 제사 비용을 보낸다. 동서가 편안한 마음으로 미리미리 준비했으면 하는 바람에서다. 옛날처럼 봉투를 사용하지 않다 보니 부모님께 용돈을 드리는 것 같은 기분은 많이 사라졌다. 하기야 부모님이 살아계셨어도 요즘 같으면 계좌로 입금해 드렸을 것으로 생각하니 웃음이 난다.

피차 빈손으로 시작한 결혼생활이었다. 딱히 부양해야 하는 가족이 많은 것도 아니었는데 크게 여유가 생기지 않았다. 딸 하나를 낳고 꾸준히 맞벌이하며 생계를 꾸렸다. 살다 보면 형제에게도 털어놓지 못할 일들이 생긴다. 그것이 경제적인 문제라면 더욱 그렇다. 기꺼이 도움의 손길을 내미는 형제도 있겠으나 행여 부담을 느끼고 멀어지는 형제도 있지 않은가.

나에게도 그런 위기가 찾아왔지만 내색하지 않고 넘겼다. 친구에게 하소연하고, 그도 안 되면 점쟁이를 찾아갈망정 시집 형제에게는 입을 열지 않았다. 걱정을 끼치고 싶지 않았지만, 알량한 자존심도 한몫했을 것이다. 그래도 제사 비용만큼은 빠지지 않았다. 망설이며 몇 장 뺐던 지폐를 결국은 도로 넣었다. 아무리 힘들어도 자식으로서 최소한의 도리도 못 한다면 가정이라는 삶의 기반에 금이 가기 시작할 것 아닌가. 지킬 것은 지켜야 한다. 돌아보면 그 몇 해 동안은 도리어 부모님께 드리는 용돈이 우리 부부에게 스스로 지켜야 하는 기준선이 된 셈이다.

여장을 풀고 나니 남편이 산책하러 가자고 한다. 펜션을 나서니 은행나무들이 줄지어 서 있다. 들어올 때, 마치 사열하듯 양쪽에서 노란 잎을 날리더니 지금도 간간이 부는 바람에 우수수 금빛 잎들을 떨어뜨린다. 화려하게 단풍이 든 나무 중에서도 노란 은행나무는 단연 돋보인다.

노랗게 깔린 은행잎들을 밟고 지나가니, 마치 금으로 된 카펫 위를 걷는 듯하다. 마치 은행 금고를 활짝 열어 놓은 것처럼 돈이 마구 쏟아져 내리는 것 같다. 문득 희끗하고 든든한 은행나무가 아버님 같은 기분이 든다. 어쩌면 부모님도 한 번도 보지 못한 이 며느리에게 한 번쯤은 용돈을 주고 싶으셨을 것이다.

이만한 용돈이 없다. 나는 부모님이 주시는 이 용돈으로 너무나 행복해진다. 남편은 은행잎을 주워 들고 뛰어가는 나를 따라오며 함박웃음을 짓는다. 산책을 마치고 돌아온 내 주머니에는 부모님께서 주신 용돈이 수북이 들어 있다. 나는 방으로 들어가 마치 지갑에 지폐를 넣듯 가져온 책갈피에 은행잎을 하나씩 끼워 넣는다.

한결 두둑해진 마음으로 진주로 내려간다. 다시 제사상에 촛불이 켜진다. 절을 하는 자식들의 등을 다독이는지 촛불이 환해진다. 제사가 끝나고 음복들을 하는 사이 나는 제사상을 치우며 기분이 좋다. 연신 싱글거리는 나를 보며 막내동서는 무슨 좋은 일이 있나 하는 표정이다. 내 주머니에 부모님이 주신 또 다른 용돈이 가득하다는 것을 알 리가 없다. 유난히 마음이 넉넉해지는 부모님의 제삿날이다.

금요일 오후 두 시

아파트 도서관이다. 허겁지겁 도착해 문 앞에 서서 숨을 고른다. 조용히 도서관 문을 열고 들어선다. 동글게 자리 잡은 작은 도서관 안은 고요하다. 바깥에서는 매미 소리가 아득하게 들려온다. 독서동아리 모임이 열리는 시간이다.

숭인사회복귀시설의 회원들이 하나둘씩 모여들기 시작한다. 각자의 걸음으로 조용히 입장한다. 낯익은 책들과 아늑한 공간에 안도감을 느낀다. 네모난 테이블이 회원들을 맞이하고 실내에는 차분하면서도 은은한 기대감이 감돈다.

의자에 앉아 이달의 선정 도서를 가방에서 꺼낸다. 책의 표지를 천천히 바라본다. 매끄러운 하얀 배경 위에 "절약도 공부가 필요해"라는 제목이 눈에 들어온다. 간결하면서도 강렬한 제목이 절약도 배워야 한다는 메시지를 확실하게 전한다. 흰색 바탕에 반짝이는 황금색 의자가 중앙에 그려져 있다. 마치 속삭이듯 나를 초대한다. 이 책이 알려 줄 내용을 기대하며 페이지를 펼친다.

  이 모임은 정신장애인의 자립을 돕고 지역 사회 통합을 위한 소모임 프로그램의 일환이다. 숭인사회복귀시설을 이용하는 회원들, 직원들, 그리고 지역 주민으로 구성되어 있다. 매달 한 번 금요일 오후 두 시가 되면, 복귀시설을 떠나 동글이 작은 도서관에 모인다. 하나의 책을 선정해 낭독한 후 각자의 생각과 느낌을 나눈다.

  회원 중 한 명이 책을 손에 들고 페이지를 넘기며 차분한 목소리로 읽기 시작한다. 그 목소리는 고요한 공간을 부드럽게 채운다. 딱딱하게 굳은 활자들이 새로운 생명을 얻는 듯한 느낌이 든다. 이어서 옆에 앉은 회원이 릴레이를 이어받듯 차례로 책을 읽어 나간다. 낭독이 끝나자, 회원들은 물 흐르는 대로 자신의 경험을 이야기한다. 이곳에서는 단순한 독서가 아니라 각자의 삶이 교차한다.

  새로운 의미를 만들어가는 시간이 흐르고 있다. 오후 두 시의 빛은 따뜻한 그림자를 드리운다. 빛의 각도가 낮아지면서 색깔도 점점 짙어진다. 밝은 노란빛이 서서히 주황빛으로 변한다. 오후 두 시는 여전히 밝고 활기차다. 빛은 천천히 자신의 길을 따라 움직인다. 빛의 움직임을 따라가다 보면 해 질 무렵의 빛을 예고하는 듯한 기분이 든다. 시간은 이렇게 흘러간다. 하루의 흐름을 눈으로 확인할 수 있다.

대부분 경제 활동을 하는 회원들이다. 월급을 받으면 사고 싶은 것과 먹고 싶은 것에 소비하는 경향이 많다고 한다. 그로 인해 돈을 모으지 못하고 나중에 돈이 없어 서러웠다는 한 회원의 말이 특히 인상 깊다. 돈을 버는 것은 힘든 일이다. 지출을 조절하는 것 또한 누구에게나 어렵다. 대화는 서로를 이해하는 시간으로 자연스럽게 이어진다. 각자의 부족했던 경제 경험을 나눈다.

직장 생활을 하던 때의 일이다. 명품 가방을 구매했는데 박봉인 월급으로는 감당하기에 벅찼다. 몇 개월 할부하면서 허리가 휘청거렸다. 익숙하지 않은 명품이 비에 젖을까 봐 걱정이 앞섰다. '품 안에 넣고 다닌다'라는 말이 마치 나를 두고 한 말처럼 들렸다. 그 가방은 햇빛을 볼 일이 거의 없었다. 경제 조절에 실패를 경험했다. 나뿐만 아니라 회원들 모두 과소비로 어려움을 겪었던 경험이 있었다. 책 속의 이야기는 이제 더 넓은 의미로 다가온다.

강사는 회원들의 이야기를 경청한 뒤 나지막한 목소리로 말한다. 충동구매를 피하는 방법과 돈을 절약하는 전략에 대해 조언을 건넨다. "필요하지 않은 물건은 바로 사지 말고, 구매하기 전에 세 번 정도 더 생각해 보세요."라는 그의 말은 단순하지만 실제로 도움이 되는 조언이다. 이런 조언은 책의 내용을 넘어 회원들의 생활에 유익한 지침이 된다.

삶을 변화시키는 첫걸음은 생각과 행동의 변화를 통해 시작된다. 매일 반복하는 습관들이 변화를 만들어낸다는 사실을 깨닫는다. 무심코 지나쳤던 작은 선택들이 모여 삶에 얼마나 큰 영향을 미치는지 인식하게 된다. 조금 더 나은 선택을 위해 불필요한 소비를 줄이는 것이 필요하다.

오늘의 대화는 작은 변화의 시작이다. 우리는 이 시간에 한 주간의 소비 형태를 되돌아본다. 내린 블라인드 틈새로 햇빛 한 줄기가 책상 위에 비친다. 태양도 아침에 부지런히 떠서 하루를 시작했다. 정오를 지나며 고개를 갸우뚱한다. 마치 자신이 지나온 시간을 살펴보는 것 같다. 째깍째깍 흘러가는 시계 소리를 들으며 몸을 이리저리 기울여본다.

모임이 끝났다. 회원들은 일어나 서로 수고하셨다 인사를 나누며 웃음을 짓는다. 왠지 조금씩 더 성숙해진 듯했다. 벽에 걸린 시계는 지난날보다 더 나은 내일을 꿈꾸는 시간, 금요일 오후 두 시를 지나 네 시를 향해 가고 있다. 문을 열고 나서니 매미 소리가 맹렬하게 들이친다.

동백꽃 어머니

 작은 틈이다. 겨우 한 사람이, 그것도 옆걸음으로 걸어야 통과할 수 있을 만큼 좁다. 거대한 두 암석이 만나 부둥켜안았으나 끝내 합일하지 못한 공간이다. 사람들은 그 앞에서 옷매무새를 가다듬고, 가방도 갈무리한다. 더러는 둥그렇게 나온 배를 힘주어 넣기도 한다. 자신의 부피를 최대한 줄여야만 지나갈 수 있기 때문이다. 여수 향일암의 특이한 해탈문이다.
 짧은 길이라는 안내판을 보고 계단을 올라온 참이다. 숨이 턱까지 차오른다. 검은 바위 아래에 칼집을 낸 듯한 틈으로는 건너편 풍경이 보이지 않는다. 이 해탈문을 지나면 극락에 이를까. 마치 이승과 저승 사이에 놓인 문 같다. 호흡을 가다듬고 바위 사이로 몸을 밀어 넣는다.

갑자기 열기가 가시면서 서늘해진다. 어머니께 마지막 인사를 하던 때가 떠오른다. 염습사는 졸수를 눈앞에 둔 어머니를 새색시처럼 곱게 단장해 놓았다. 수의 소매와 치마 끝에는 색동이 덧대어져 있었다. 나는 눈물을 흘리다가 "엄마, 화장하니 너무 곱다. 다시 시집가도 되겠네." 하고 철없는 소리를 했다. 어머니는 "야가, 지랄허구 자빠졌냐, 누가 들을까 무섭다."라며 벌떡 일어나실 것만 같았다.

해탈문을 나오니 눈앞에 붉은 동백이 노닌다. 우람한 고목 동백나무에 바람이 손님처럼 앉았다 간다. 동안거에서 깨어난 봄이 하늘을 향해 술렁인다. 부풀어 오른 봉오리는 간지러움을 참느라 입을 오물거린다. 모두 봄의 기척에 모든 감각을 곤두세우고 있다. 그러고 보니 입춘이 지났다.

바다를 향해 있는 향일암에는 수천 송이 동백꽃이 피고 지고 있다. 짹짹거리는 낭랑한 동박새 소리가 귀를 맑게 해 준다. 저들끼리 무엇이 그리 좋은지 동백나무에 여기저기로 날아든다. 새를 보다가 유독 붉은 동백꽃 한 송이에 눈길이 머문다. 어머니의 마지막 얼굴에 칠해져 있던 붉은 입술 같다.

물질을 마친 어머니의 입술은 늘 파랬다. 나는 한 번도 어머니가 그 입술에 붉은 립스틱을 바르는 걸 보지 못했다. 어머니의 고단했던 풍상의 날들이 내 안으로 기웃거린다. 냉혹한 현실처럼 수온은 항상 체온보다 낮았다. 거친 파도와 거센 조류 속에서 숨조차 참아가며 살았던 평생이었다. 해풍에 얼굴이 그을고 손이 텄다. 추운 겨울에도 바다에 몸을 던지시는 어머니였다. 뼛속까지 스미는 냉기를 그저 견딜 뿐이었다. 온몸에 바다색 같은 푸른 멍이 든 세월이었다.

관음전에 이르니 눈앞에 바다가 펼쳐진다. 고요한 바다를 바라만 봐도 눈물이 고였다 흩어진다. 저 아래 우뚝 솟은 거북이섬이 보인다. 저 섬에 가면 어머니를 만날 수 있을까. 고개를 숙여 등을 둥글게 말고 잔잔한 바다를 쳐다본다. 고향 바다처럼 편안하다. 하늘과 바다가 맞닿은 수평선이 조금씩 움직인다. 푸른 바다에서 테왁을 끌어안은 어머니가 자맥질할 것만 같다.

멀리서 불어온 바닷바람에 동백꽃 하나 툭 떨어진다. 동백꽃 향기가 달려와 눈물을 스친다. 이별이라는 날카로운 단어가 마음을 벤다. 이제 다시는 함께할 수 없다. 문득 생각날 때면 속까지 바스러지는 애타는 마음이 달려든다. 끊임없이 마음의 밑둥치를 잡고 흔드는 바다 앞에 멍하니 서 있다.

관음전으로 오르는 길은 머리를 숙여야 할 만큼 낮은 협곡이다. 겸손한 마음으로 발걸음을 옮긴다. 드디어 해수 관음보살 앞이다. 영험 있는 기도 도량답게 금빛 물결로 가득하다. 내 안에 품고 온 염원 하나를 풀어 놓는다. 마음을 가다듬고 무릎 꿇어 빌어 본다. 이틀이 지나면 어머니가 가신 지 49일이다. 부디 극락왕생하시기를 기도한다.

가파른 계단이 끝나면 이리 붉은 동백꽃이 피고 지는 아름다운 곳이 있다. 어머니도 죽음이라는 좁은 해탈문을 지나 이곳에 이르렀으리라 믿는다. 되돌아 나오는 길, 한걸음에 육지로 달려온 푸른 바람이 지나가며 길을 터준다. 흐드러지게 피어있는 동백나무 앞에서 걸음을 멈춘다. 슬픔도 그리움도 빨갛게 물들어 흩어진다. 후드득 떨어지는 동백꽃에 가슴이 젖는다.

숲애서

커피 한 잔과 양산시보를 들고 거실에 앉는다. 새로운 소식이 있나 하고 살펴본다. 익숙한 글자가 눈에 들어온다. '숲애서'라는 명칭에는 숲을 사랑하고, 숲으로부터 사랑받는다는 의미가 들어 있었나 보다. 국내 최초 공립 항노화 힐링 서비스 체험관이다. 마침내 전문기관으로 인정받았다고 한다. 1주년 기념행사 사진이 한 지면을 차지하고 있다. 지난달 '숲애서'의 순간들이 짙은 커피 속으로 스며든다.

정오쯤 친구와 함께 '숲애서'에 도착했다. 접수대 앞에서 입장 절차를 밟으려고 하는데 뭔가 잘못되었다는 것을 알았다. 모든 이용객은 반드시 7일 전에 예약해야 한다고 했다. 자세히 알아보지 않고 방문한 나의 잘못이다. 친구에게 미안했다. 여기 오기 위해 다른 약속까지 취소했다는데.

머릿속이 복잡했다. 반쯤 포기하며 다음 주 예약을 하려던 순간이었다. 나의 등 뒤에서 작은 희망의 단어가 귓속으로 쏙 들어와 박혔다. 마침 단체 예약했던 인원 중에 두 사람이 취소했다는 말이었다. 우리에게 행운이 다가오는 것 같았다.

그런데 기대와는 다르게 직원은 원칙을 고수했다. 하지만 그대로 포기할 수는 없었다. 다시 한번 간곡히 부탁했다. 다른 사람들에게 피해 주지 않는 범위에서 쉬었다 가라는 허락이 떨어졌다. 직원의 배려로 운 좋게 입장할 수 있었다.

입구에는 큰 조형물이 있었다. '숲애서'라는 글자를 활용한 포토 존이었다. 직원의 안내를 따라 건물 안으로 들어갔다. 초록색의 편안한 옷으로 갈아입고, 2층으로 발걸음을 옮겼다. 요가와 댄스 교실은 사방이 넓은 통유리로 되어 있어 밖이 훤하게 보였다. 또 다른 방에는 아쿠아 마사지와 안마기 의자가 휴식이라는 두 글자를 달고 여유로워 보였다. 복도 끝에는 식당이 있고, 푸른 하늘과 연결되어 테라스가 일품이었다.

요가 교실의 문을 열었다. 통유리를 통해 초록의 나무들이 팔을 벌려 반겨주었다. 마치 숲 한가운데 서 있는 듯 착각이 들었다. 구름 한 점 없는 파란 하늘은 그냥 말없이 웃고 있었다. 사람들 틈에서 열심히 따라 해보았다. 비교적 단순한 동작들이었다. 여러 동작을 따라 하다 보니 뭉쳐 있던 근육이 시원해졌다. 한 시간의 수업이 금방 끝났다.

지하에 있는 편백나무 반신욕장으로 발걸음을 옮겼다. 왼쪽으로는 다양한 찜질방들이 손님 맞을 준비를 마치고 기다리고 있었다. 반신욕을 하고 난 후에 찜질방을 이용하기로 했다. 열기를 타고 편백나무 향이 솔솔 올라왔다. 흘러내리는 땀방울을 따라 내 안에 있던 독소가 밖으로 마구 배출되는 듯했다. 땀으로 젖은 옷이 축 처졌다. 지금 여기, 이 순간에 내가 푹 물들고 있다는 증거 같았다.

찜질방에 들어갔다. 천장을 향해 팔을 대자로 펼치고 누웠다. 온갖 시끄러운 세상 소리가 땀으로 배출되어 뿜어져 나왔다. 시원하고 개운한 느낌은 세상 그 무엇과도 비교할 수 없었다. 정해진 시간은 그렇게 소리 없이 지나갔다. 탈의실 옆 목욕탕은 계곡에서 끌어들인 물이 매끄러웠다. 친구의 얼굴이 훤하게 빛이 났다.

외부에서 체험할 수 있는 프로그램으로는 숲길 명상이 있다. 실내와 실외 프로그램 중 하나만 선택해서 참여할 수 있는 시스템이다. '숲애서'를 처음 방문했을 때 숲길 명상 프로그램에 참여했다. 숲이 우거진 길을 따라 걸었다. 얼굴에 나뭇잎을 붙여 모기를 퇴치하기도 했다. 계곡에 흐르는 물에 발을 담그고 각자 자신의 속마음을 이야기하는 과정도 있었다. 여럿이 대화를 나누다 보니 어느새 마음이 가벼워졌었다.

집으로 가기 위해 즐거웠던 하루를 마무리했다. 그동안 앞만 보며 열심히 살아온 덕일까. 바쁘기만 했던 마음을 내려놓고 한없이 쉬어 갈 수 있는 곳이었다. '숲애서'는 나 자신을 사랑하는 방법과 시간을 선물해 주었다.

신문 기사를 읽어보니 '숲애서'는 계속 발전하고 있다. 전에 없었던 옥외 시설도 생기고, 미완이었던 프로그램도 완성되었다고 한다. 내 추천으로 그곳을 찾았던 지인들은 한결같이 입을 모아 만족감을 표현했다. 이제는 양산 시민뿐만 아니라 다른 지역 사람들도 많이 이용하고 있다. '숲애서'의 전도자로서 뿌듯해진다.

한 줄기 바람에 초록 물결이 요동치는 '숲애서', 나뭇가지들이 손을 흔드는 파란 그곳으로 한 달에 한 번이라도 다시 찾고 싶다. 내가 사는 양산에 언제든지 나를 받아 줄 힐링 장소가 있다고 생각하니 심장이 빠르게 뛴다. 행복한 나의 아지트가 될 것 같은 예감이다.

이팝나무꽃

 파란 하늘과 녹색 산이 데칼코마니처럼 포개져 잠겼다. 건너편 정자도 물속에 터를 잡았다. 밀양 위양지 저수지다. 저수지를 둘러싼 나무에 하얀 꽃들이 얄랑얄랑 흔들린다. 한뎃바람이 불어 쾌청한 날씨가 이팝나무꽃 향기를 몰고 온다. 떨어져 물 위에 뜬 꽃잎이 눈처럼 하얗게 쌓였다.
 이팝나무는 꽃이 쌀밥같이 보여서 붙여진 이름이다. 절기상 입하 무렵에 꽃이 핀다. 옛날 서민들이 굶주리는 보릿고개 시절이 있었다. 소복하게 핀 흰 꽃을 보며 배고픔을 달래고, 풍년을 염원했을 것이다.
 이곳의 이팝나무는 고목이 많다. 비스듬히 기울어 한 발을 물에 담그고 수면에 어린 자신 모습을 바라본다. 가지는 휘어지고,

표피는 우둘투둘하다. 평생 논에 발을 담그고 벼농사를 지으시던 아버지의 모습이 생각난다.

봄이 오면 마당 한 모퉁이에 큰 고무대야를 갖다 놓았다. 그 안에 물을 붓고 볍씨를 담았다. 아버지는 싹이 많이 나오기 위해 담요를 덮어야 한다고 했다. 해를 보지 않도록 하기 위함이다. 몇 날 며칠을 지극정성으로 물 조절 하며 애태우는 나날이 흘렀다. 볍씨에 싹이 자라면 모를 논으로 옮기는 작업도 녹록지 않았다.

모내기하던 날이면 학교를 마치는 대로 곧장 논으로 달려갔다. 가던 길에 불쑥 뱀을 만나기도 했다. 나도 놀라고 뱀도 놀랐다. 어쩌면 나보다 뱀이 더 놀라 도망갔는지도 모를 일이다. 무서워 울면서도 나는 논으로 아버지를 찾아갔다.

아버지는 종아리에 붙은 거머리 몇 마리를 아무렇지도 않게 떼어 내시며 말했다.

"이 논은 우리 막둥이 결혼할 때 줄게."

나는 신이 나서 작은 손으로 못단을 날랐다. 그 말씀 덕분에 고부랑길 아래 논에 더 애착이 갔다. 하지만 그때는 아버지가 막내딸의 밥걱정을 하신다는 걸 알기에는 너무 어렸다.

그해 여름은 구름 한 점 없었다. 검은 장화를 신고 삽 하나 어깨에 메고 터벅터벅 논으로 가시던 뒷모습이 아른거린다. 학교에서 돌아오면 나는 아버지를 쫄랑쫄랑 따라다녔다. 모내기한 논은 쩍쩍 갈라져 심폐소생술이 시급해 보였다. 논둑 아래 강물은 속살을 훤히 드러냈다. 마침 논둑 느티나무 아래 큰 웅덩이가 있었다. 거기에 고인 물이 벼들을 살릴 수 있는 유일한 생명수였다.

 물을 끌어 올리기 위해 양수기를 돌렸다. 털털털 펌프 돌아가는 소리가 아버지의 애타는 심정처럼 애절하게 들렸다. 울컥대며 토해내는 물줄기를 따라 물길을 내셨다. 아버지의 등이 땀으로 흠뻑 젖었다. 겨우 해거름이 되어서야 물은 축축하게 벼를 물들였다.

 시골 가난한 집에서 태어나 자식들을 굶기지 않으려고 무던히 애썼던 아버지였다. 아버지의 땀을 먹고 자란 벼는 가을이면 풍성한 수확을 맺었다. 덕분에 친구들이 보리밥 도시락을 가져올 때 나는 쌀밥 도시락을 싸 갈 수 있었다. 어쩌면 이 흰 꽃도 부단히 물을 빨아올리며 꽃을 피우기 위해 애쓴 이팝나무의 땀이 아닐지 생각해 본다.

 햇살에 살랑이는 위양지 저수지를 한 바퀴 돈다. 어린 남매의 손을 잡고 걸어가는 젊은 부부가 보인다. 뛰어가는 남자아이의 머리에 이팝나무꽃이 떨어진다. 아빠가 웃으며 꽃잎을 털어준다. 이 가족에게 밥걱정은 없어 보인다.

반쯤 걸었더니 잠시 앉고 싶다. 마침 이팝나무 아래 벤치가 쉬어 가라며 손짓한다. 아버지가 나이가 드시자, 논농사가 버거워졌다. 젊은 아들들은 아무도 농사를 지으려고 하지 않았다. 다른 일을 해야 더 큰돈을 벌 수 있었다. 쌀쯤이야 돈만 있으면 언제라도 사면 되었다.

논도 그런 사정을 알았는지 그즈음 도로가 나고 평탄 작업을 거쳐 밭이 되었다. 어느덧 우리는 쌀로부터 멀어진 것 같다. 쌀 한 톨에 아흔아홉 번의 농부 손길이 거친다거나, 한 알의 밥알도 남기지 말고 다 먹어야 한다는 교훈은 옛날이야기가 되었다. 쌀 소비량도 계속 줄고 있다.

비만의 원인을 쌀이라고 말하는 사람들이 많다. 탄수화물을 안 먹는 비중이 늘어 쌀 소비량이 줄어들었다 한다. 요즘 마트에 가면 쌀보다 햇반을 사는 사람이 많이 보인다. 혼자 살아서일까. 아니면, 맞벌이 부부가 늘어났기 때문일까. 마치 밥이 간식이나 비상식량이 된 기분이다.

언제부터인가 식탁에서 밥이 사라지고 있다. 더불어 아버지의 땀 냄새도 잊히고 있다. 하기야 무엇을 먹든 건강을 유지하면 된다 싶으면서도 어딘지 허전해진다. 밥이라는, 그 엄중한 생존의 무게추가 자꾸만 가벼워지는 느낌이다. 생활에 여유가 생기더라도 밥의 소중함만은 간직했으면 좋겠다.

  모두 풍성한 이팝나무꽃을 즐기는데, 혼자 꽃그늘에 앉아 아버지의 시큼한 땀 냄새를 맡고 있다.

가야진사

 입을 꽉 다물고 있다. 조심스럽게 침묵의 문을 열어본다. 사당의 문틈 사이로 목판이 빛을 받는다. 밝은 빛이 서서히 정사각형 안의 용들을 깨운다. 이방인의 방문을 경계하듯 눈빛에서 불꽃이 튄다. 검푸른 물이 급하게 휩쓸리는 지점이다. 깊게 패어 있는 웅덩이 위로 세 마리의 용이 춤을 춘다. 황룡 한 마리와 청룡은 두 마리이다. 오른쪽 황룡이 어쩔 줄 몰라 하며 청룡들을 바라보고 있다. 두 마리 청룡은 서로 엉켜 거칠게 싸운다.
 낙동강 삼 용신을 모시고 있는 제당의 목판 앞이다. 용소의 물이 꿈틀거리는 듯하다. 마치 꽈리처럼 부풀어 오른다. 한 발짝 뒤로 물러난다. 용신에게 안녕을 기원하던 곳. 앞면 1칸, 옆면 1칸으로 구성되어 있다. 건물의 앞뒤로만 지붕면이 있어 간결함이 돋보인다. 용마루와 내림마루로만 이루어진 맞배지붕 형식의 건물이다. 가야진사 재건 과정에서 제사에 사용되던 분청사기 제기들이 출토되었단다.

일제의 탄압으로 가야진사가 헐리고 용신제가 금지되는 수난을 겪었다. 그러나 마을 사람들은 산속에 사당을 모셨다. 집집마다 보리쌀을 거두어 밤중에 몰래 제사를 지내며 근근이 명맥을 이어왔다. 가야진사 용신제는 비가 때맞추어 알맞게 내리고, 바람이 고르게 불어올 수 있게 기원하는 것이다. 더불어 나라가 태평하고 백성들의 생활이 평안하기를 비는 국가 제례이다.

천천히 걸음을 옮긴다. 용소가 마주 보이는 나룻가에 발길을 멈춘다. 건너편에는 한 마리 용이 물을 마시고 있는 산세이다. 물을 먹는 용의 머리를 남해 고속도로가 시원하게 뚫고 있다. 매년 4월 첫째 주 일요일에 용신제 봉행을 겸한 공연을 한다. 용신을 달래기 위해 살아 있는 돼지를 용소에 제물로 바치며 현재까지 전통을 이어오고 있단다.

우리의 전통문화에는 곳곳에 용의 흔적이 있다. 그만큼 친근하게 다가오는 상상의 동물이다. 안전과 풍요를 바라는 인간의 염원이 신통력 있는 용의 존재를 만들어냈는지도 모른다. 현실에는 존재하지 않지만, 한 차원 더 높은 불멸의 신, 용은 물의 상징이자 비를 다스리는 신이다. 물이 생명의 근원이라는 진부한 말이 여기서는 구체적인 실체를 가진 실천으로 작용한다.

  나의 무의식이 잠자던 용을 불렀다. 뜬구름 잡듯이 하늘을 올려다봤다. 곧 비가 내리려는지 끄물끄물 먹구름을 몰고 온다. 유독 가물었던 유월의 마른 나뭇가지가 하늘을 유혹한다. 대지의 녹음이 점점 짙어진다. 차락차락 비가 내린다. 잠시 비를 맞아본다. 용소가 회오리를 치고 용이 꿈틀거린다. 마침내 가야진사의 용을 온몸으로 알현하는 순간이다.

국화 한 송이

 황산 공원에서는 국화축제가 무르익어 가고 있다. 공원 입구에는 청룡과 어린 왕자, 뽀로로랑 패티가 형형색색의 국화로 장식된 채 방문객을 맞는다. 그리고 국화 터널이 시작된다. 하얀 소국 수만 송이가 사르르 사르르 바람에 흔들리며 물결을 탄다. 갑자기 어지럼이 인다. 입구와 출구가 멀어지며 마치 미로에 들어선 기분이다. 눈앞이 흐려진다.
 한밤 자고 일어났을 뿐인데 세상은 무너져 있었다. 어떻게 이런 일이 일어날 수 있을까. 믿을 수 없는 일이 생겼다. 이태원 비탈진 골목에서 핼러윈 축제를 즐기던 인파가 넘어져 압사 사고가 났다고 했다. 사망자 숫자가 늘어날 때마다 나는 심장이 내려앉았다.

하늘도 슬픔을 이기지 못해 눈물을 흘리는 것일까. 갑자기 비가 내리고 그치기를 반복하는 사이 날씨는 변덕스러워졌다. 하지만 국화축제에 걸어 놓은 작품들을 챙겨야만 했다. 황망한 마음으로 집을 나섰다. 행사장 오는 발걸음이 무거웠다.

으슬으슬 찬 바람이 옷깃 속으로 들어와 휘젓는다. 부스 안에 앉아 앞산을 바라보며 국화차 한잔을 마신다. 어느새 앞산 허리에 안개가 자욱하게 깔린다. 내 안으로도 비가 흘러내린다. 견디기 힘든 슬픔으로 가슴이 젖는다. 오늘이 시화전 마지막 날이 될 것이다.

오후가 되니 언론에서는 쉬지 않고 이태원 참사를 다룬다. 사고가 나기 전에 112에 신고한 사람들 입에서 압사라는 단어가 나온다. 그런데 왜 빨리 대응하지 못했는지 안타깝기만 하다. 현장에서 소방대원들이 목이 터지라 외쳐도 사람들은 핼러윈 복장으로 착각했다고 한다. 상가에서 흘러나오는 높은 음악 소리 때문에 절규하는 소방대원의 말이 전달되지 않았다고 한다. 누군가는 죽고, 누군가는 살고, 아비규환 그 자체였다. 인간의 한계적 상황에서 삶은 그 손을 놓았다.

찬 바람이 비를 몰고 왔다 갔다 한다. 그럴 때마다 전시된 국화가 파르르 몸을 떤다. 그중에는 스스로 고개를 떨구는 꽃도 보인다. 가는 꽃잎들이 바닥에 흩어진다. 어제까지의 활달함은 사라지고 그저 스산함만이 남는다. 국화가 이리도 슬픔의 꽃이라는 것에 가슴이 또다시 아파진다.

국화는 찬 바람을 맞으면서 피는 꽃이다. 식어가는 태양을 따라 모든 꽃이 지고 난 후에 국화는 멍울을 맺는다. 긴 세월을 굽이쳐 돌아온 누님의 표정으로 채도 낮은 꽃을 피운다. 국화는 정원의 가운데를 차지하는 법이 없다. 낮은 눈길이 머무는 구석에서 가장자리에서 소리 없이 핀다. 겨울이 올 줄을 알면서도 고통이 닥칠 줄을 알면서도 그윽한 향기를 품고 끈질기게 피어난다.

대통령이 일주일간의 국민 애도 기간을 선포한다. 합동 분향소가 설치되고 사람들의 발걸음이 이어진다. 참사의 자리에서 살아남은 사람의 울부짖음이 화면을 가득 채운다. 죄책감에 차마 그 자리를 떠나지 못하는 한 시민은 끝없는 눈물을 흘린다. 밤새워 구조작업을 진행한 소방관들도 망연한 눈길을 거두지 못한다. 봇물 터지듯 터진 슬픔이 온 국민의 마음을 덮친다.

자꾸만 우울해진다. 희생된 사람의 유족들, 병원에서 회복 중인 사람은 물론이고 그 현장을 계속 지켜보는 사람들에게도 트라우마가 생길 것만 같다. 지난 세월호 사건으로 온 국민은 한 차례 슬픔의 사회적 트라우마를 겪었다. 아직 그 터널을 완전히 벗어나지도 못했는데 또다시 쓰나미를 맞았다. 어떻게 해야 우리는 이 트라우마를 극복할 수 있을까. 애도 기간이라도 모두 함께 진심으로 애도하는 것이 중요하다는 생각이 든다.

이별의 고통을 사회문화적 방식으로 표현하는 것을 애도라 한다. 요즘 들어 불특정 다수의 사회구성원이 희생되는 사건이 잦다. 누구라도 순식간에 거대한 불행에 노출될 수 있다. 그런 점에서 사회적 불행에 대한 애도에 너와 나는 없다. 실제로 애도 과정이 충분하지 못하면 사회생활과 일상생활의 적응 또한 어려운 경우가 많다. 그리고 그 애도의 현장에는 어김없이 국화 한 송이가 놓인다.

지자체마다 모든 행사를 축소하거나 취소한다는 말이 전해져 왔다. 당연한 이야기다. 양산문인 협회에서 보낸 메시지를 적은 작은 쪽지가 행사 관계자에게 전해진다. 몇 분 동안 떠난 이들의 명복을 빌어 주는 시간을 가진다. 국화축제에 놓인 꽃들이 애도의 꽃이 되고 만다.

핼러윈 축제가 우리 고유문화는 아니다. 하지만 언제부터인가 젊은 사람들의 놀이 문화로 자리 잡았다. 현대사회에서 받은 스트레스를 날려 보낼 한 통로였는지도 모르겠다. 해가 갈수록 모여드는 젊은이들이 많아졌다고 했다. 어쩌면 마음과 마음으로 소통하지 못하고 비교 경쟁의 장으로만 그들을 내몬 우리가 모두 이 참사의 원인인 것은 아닐까. 발끝에 머문 시선을 들어올리기가 두렵다.

 아직 활짝 피기도 전에 떨어진 꽃들. 축제의 장에서 생을 마감한 이들을 생각하며 국화축제에 놓인 꽃들이 함께 눈물을 흘린다. 국화축제도 오늘로써 막을 내린다. 엄숙한 분위기의 음악을 뒤로하고 시화전 작품을 거둔다. 상실과 이별로 슬픔에 잠긴 이들에게 깊은 애도를 표한다. 황산 공원을 가득 덮은 저 국화들을 감히 희생자의 영전에 바친다.

제2부

천원(天願)

 물끄러미 눈을 마주 본다. 보이지 않는 힘에 눌린다. 부리부리한 눈매가 마치 나를 꾸짖는 듯하다. 왜 이리 늦게 왔느냐며 호통을 친다. 서구적인 인상이다. 날카로운 눈초리로 뚫어지게 보는 순간 머리털이 쭈뼛 선다. 혼이 쏙 빠진다. 나도 모르게 무릎을 꿇어 절을 올린다.

 오전을 넘어가는 시간은 어둡고 침침하다. 비는 오락가락 반복한다. 원동면의 용화사에는 드문드문 사람이 찾아든다. 오봉산 자락이 포근하게 감싸고 있어 이곳에 절이 있으리라 믿어지지 않는 장소다. 절 마당 한가운데 짙푸른 왕벚나무가 절간을 향해 바람의 목소리를 전한다.

 연이란 무엇이냐는 바람의 물음에 살며시 눈을 감는다. 인연이 이끄는 대로 법당 안에 앉았다. 화두를 붙들고 기억을 더듬는다. 어느 작가는 산다는 것이 어쩌면 세상 모든 연(緣)에 빚을 지는 일인지 모른다고 했다. 그렇다면 잘 산다는 건 그 빚을 갚아가는 일쯤 될까. 지금 나는 누구의 연이 되어 그려지고 있을까? 천천히 눈을 뜬다. 눈에 보이지 않는 채무가 되지 않도록 마음의 빚을 갚기 위해 빌어 본다.

용화사 앞으로 흐르는 낙동강은 오랜 가뭄을 견디지 못하고 있다. 초록의 녹조가 머리를 풀어 헤치며 이리저리 끌려다닌다. 지분지분한 날씨가 잠자던 낙동강을 흔들어 깨운다. 용화사는 천년고찰이다. 깊은 인연이 또 다른 인연을 끌어당긴 것일까. 그 천 원이 대체 무엇이기에 발걸음이 여기까지 닿았단 말인가.

늘 보던 수더분한 불상이 아니다. 파마머리처럼 꼬불꼬불한 머리카락을 틀어 올렸다. 석불의 미륵은 통일신라시대의 것이란다. 과연 색다르다. 죄짓고는 못 산다는 말이 있다. 나의 속내를 훤히 들여다보는 것 같다. 빠른 동작으로 지갑에서 천 원을 꺼내 불전함에 넣는다. 이름도 모르는 어느 할머니의 저승 가는 노잣돈이다.

백 일 전, 인연이 돌고 돌아 내 딸이 직장에서 천 원을 갖고 왔다. 병원에 근무하다 보면 별의별 이야기가 많단다. 구순하고도 중간 고개를 넘은 할머니에게 친딸이 면회하러 와서 이제는 그만 편안한 곳으로 가시라 했다. 천 원을 할머니 손에 쥐여주며 저승 가는 길 노잣돈으로 보태라는 사연이었다. 부모가 오래 사니 자식이 아프단다. 아들이 교통사고로 입원 중이었다. 형편이 어려우니, 병원비 결제도 힘들다며 엄마에게 모진 말을 던지고 가버렸다.

인생의 반 너머를 살고도 나는 할머니의 심정을 헤아리기가 어렵다. 죽고 사는 것이 내 뜻대로 할 수 있는 일이 아니지 않던가. 생사의 길에서 혈육에 대한 미련을 어떻게 끊을 수 있었을까. 마지막 희망을 잃어버린 할머니는 세상을 떠났다. 손에 쥐어져 있던 천 원짜리 한 장만이 남았다. 누구라도 돌아가신 할머니에게 노잣돈을 전해줄 사람이 필요했을까. 병동 간호사 중에서 가장 나이 어린 우리 딸에게 그 천 원을 줬다.

마침 미타암 절에 자주 오르락내리락 다닐 때였다. 나는 할머니를 위해 빌어 주겠다며 천 원을 받았다. 아무래도 스무 살 중반의 딸에게는 저승 가는 노잣돈의 무게가 너무 무겁지 않을까 하는 불안한 생각이 들었다. 인연은 살아서만이 아니라 죽음의 이면까지에도 닿는 것일까. 기억하는 한 인연은 산 자와 죽은 자 사이에도 계속되는 것 같다.

천 원을 반으로 접고 또 접었다. 지갑 속의 천 원에는 할머니의 냄새가 배어 있었다. 그런데 그날 이후, 아무리 노력해도 미타암으로 발길이 돌려지지 않았다. 가까운 통도사에 가서도 지갑에 고이 접어 넣어둔 천 원은 잊혔다. 그렇다고 영 잊은 것은 아니었다. 간혹 떠오를 때마다 점점 머리가 무겁게 짓눌렸다.

인생에서 어떤 선택을 한다는 것은 끝까지 책임이 따르는 일이다. 처음에는 이 선택의 무게를 가늠하지 못했다. 천 원의 인연이 끌어당기는 대로 이곳에 발길을 멈추기까지 백 일이 걸렸다.

마침 용화사가 공양 비천상의 절이란다. 미래의 미륵 부처님도 넉넉한 사람이 넣는 큰돈보다는 인연이 낳은 이천 원을 값어치 있게 받아 주시지 않을까. 나의 작은 기도가 얹어져서 저승에서는 더욱 풍족한 인연으로 꽃피우기를 빈다.

우중충하던 하늘이 후두두 비를 내린다. 천 원의 무게에 답답했던 마음이 후련해진다. 다시 석불을 향해 몸을 수그린다. 간다는 말도 못다 하고 떠난 한 영혼이 이제는 극락세계에서 편안하시길 두 손 모아본다. 천 원의 무게가 천원(天願)이 되어 천년의 미륵에게 가 닿기를 바란다. 허리를 펴니 작으나마 사람의 할 도리를 한 것 같아 머리가 맑아진다.

인연에 인연이 겹친다. 인연은 존재의 시공간 사이를 바람처럼 맴돈다. 나는 또 다른 누구의 연이 되어 어떻게 그려지고 있을지 궁금해진다. 부디 그 연이 빚이 되지 않기를.

생명의 천체도

 길 위의 인문학 프로그램에 참여했다. 한여름 햇빛은 쨍쨍 내리고 습도는 높아 숨이 턱 막힌다. 손에 든 부채로 더위를 날려 보내려 했지만 역부족이다. 말없이 천천히 걷는다. 바람이 없는 대곡천 강물 위에 햇살이 그대로 쏟아져 내린다. 겨우 강 건너 반구대 암각화를 마주했다. 암각화는 수풀 속에서 조용히 은밀히 모습을 드러낸다.

 대곡천 암각화를 마주 보고 섰다. 강수량은 바닥을 드러낼 정도다. 마른장마가 계속되어 암벽 아래에 짙은 녹색 물이 흐른다. 더위에 지쳐 숨을 크게 쉬어 본다. 앞에 있는 망원경을 손으로 잡고 암벽을 렌즈 안에 초점을 맞춘다. 생각보다 잘 보이지 않는다. 다행히 올라오기 전 고래 모양으로 만든 박물관을 관람했다. 그 덕분에 암벽에 새겨진 그림들을 어렴풋이 떠올리며 회상에 잠긴다.

사냥꾼 한 무리가 태화강 상류 대곡천 암벽 앞에 다다른다. 사람이 닿을 수 없는 신성한 공간이다. 발아래 군데군데 커다란 공룡 발자국이 찍혔다. 산세가 깊고 곳곳에 위험이 도사리고 있음을 알지만 꿈을 안고 찾아왔다. 종달새는 울고 바람은 암벽에 걸려 넘어졌다. 암벽은 찬란한 햇빛에 물든다.

화폭처럼 매끈하고 밝은 암벽이다. 오랫동안 누군가의 손길을 기다리고 있었는지 새뜻하다. 그들 중 한 사람이 뾰족한 화살촉으로 육지 동물을 그린다. 호랑이, 멧돼지, 사슴을 선으로 그려 놓는다. 사냥한 것들의 모습이 생생하다. 마치 신에게 드리는 제물 같다.

산속에 오랜 침묵과 함께 어둠들이 대곡천 골짜기를 점령했다. 하늘, 바람, 나무, 강, 달은 짐승처럼 이리저리 누볐다. 한동안 바위 곁에 있던 나무들은 미친 듯이 암벽을 뒤덮었다. 절벽과 바위 사이의 모래는 허물어지고 쌓이는 것을 반복했다. 이곳은 낮과 밤의 경계가 없어지는 듯했다. 신석기 시대 사람의 언어는 바다가 되어 일렁였다. 신성한 바위는 점점 사람들에게 잊혔다.

수백 년 뒤, 신화를 찾아 강 건너 깎아지른 절벽 아래 배 한 척 강기슭을 거슬러 올라왔다. 먼 기억을 더듬으며 새로운 무리가 암벽 앞에 도착했다. 희뿌연 물안개가 피었다 걷혔다 한다. 바다의 사냥꾼들은 신성한 장소인 만큼 빈 곳에 최대한 많은 고래를 그렸다.

높은 절벽 위에서 관찰한 듯한 시각을 군데군데 넣었다. 그 결과 뭍짐승보다 고래의 숫자가 더 많아졌다. 암벽 안에서도 고래가 움직이는 것처럼 윤곽이 짙고 뚜렷하다. 멀리서도 한눈에 알아볼 수 있게 크게 새겼다. 그들은 알고 있었을까. 세월이 흐른 뒤에 후손들이 찾으리라는 것을.

태화강의 거대한 파도는 하얀 거품을 일으켜 세우며 점점 해변으로 달려갔다. 소금기가 빠진 태화강의 풍경 속에는 비릿한 바다 냄새가 남았다. 반구대 바위에 더는 고래가 새겨지지 않았다. 아무도 오지 않은 대곡천 골짜기에 억새가 햇빛을 세차게 흔들고 있다. 다만, 윤곽만을 드러낸 암벽은 조는 둥 마는 둥 적막강산이다.

세월은 자연의 순리를 쫓아간다. 깎이고, 씻기고, 벗겨지고 희미해진 암각화는 찾는 발길 뜸해졌다. 달이 차면 별이 찾아오고, 여명의 주홍빛은 계절 따라 궤도를 돌면서 별의 천체도가 암각화에 드리운다. 태어나고 죽고 소멸하는 과정에서 암각화는 천체도를 닮아갔는지 모른다. 새겨진 그림과 시간은 서로 공생하는 사이가 되어 갔다.

뒤에서 차례를 기다리던 친구가 한마디 툭 던진다. "나도 빨리 보고 싶어. 그만 보고 좀 비켜 주라."라는 말에 정신이 든다. 육지 동물은 멧돼지, 호랑이, 사슴 등 주로 사냥하는 모습이다. 무엇보다 해양 동물로는 고래, 상어, 물개, 거북이 마치 유유히 헤엄치는 것 같다. 특히 고래 그림은 다양한 종류와 특징을 세밀하게 새겨 놓았다. 사냥 도구는 배, 그물, 작살, 방패 등 사냥과 어로에 필요한 것들이다. 희미하게 보이는 인간의 얼굴이 어부, 사냥꾼, 주술사처럼 보인다.

그 시절 사람들의 삶을 이해할 수 있었다. 문자가 없었던 시절, 사냥하는 법을 후손에게 가르치기 위해서일까. 좀 더 나은 방법을 익혀 살아가기 위함이리라. 재난은 인간을 겸손하게 만들어 신앙으로 이끈다. 가장 단순한 신앙의 공간과 의식이라는 의미를 담고 있는듯했다. 하늘은 인간이 만질 수 없고 알 수도 없는 존재다. 암각화에 새겨 하늘에 제사를 지내는 신성한 곳으로 여겨진다.

인간의 사냥법을 새겨 놓은 암각화는 신비로운 생명의 천체도 같다. 인간으로 태어나 자기모습 하나 그려 놓는 것이 그리 쉬운 일이던가. 지금 이 시대를 살아가는 발자국이 모래 한 알갱이라도 빛나는 천체도 일부분임을 느낀다. 반구대 암각화를 뒤로하고 내려온다. 송창식의 〈고래사냥〉을 나지막하게 한 소절 흥얼거린다. "자, 떠나자, 동해바다로. 신화처럼 소리치는 고래 잡으러!"

이로운 물의 섬

 해산물 밥상이다. 문어과에 속한 낙지가 나 살아 있다는 듯이 몸부림이 한창이다. 형광등 조명 아래 낙지탕탕이의 속내가 훤히 보인다. 군침이 돌아 입안에 한 젓가락 집어넣으니 착 달라붙는다. 모둠회, 가리비, 전복, 문어숙회, 새우, 굴 등 짭조름한 바다의 풍요로움이 한 상 가득 차려져 있다.

 불과 30분 전에 섬 안의 섬을 찾아왔다. 바닷길은 10여 분 정도였다. 파도는 흰색 바탕에 빨간색 머리띠를 두른 여객선을 선착장으로 실어 보냈다. 내가 너에게로 갈 테니 조금만 기다려 달라는 듯이 속삭였다. 방파제 끝자락에서 세 개의 등대가 반겼다. 빨강, 하얀, 노랑 등대는 오고 가는 사람들을 위해 마치 호위무사처럼 서 있었다.

거제도 시방마을과 마주 보고 있는 이수도 선착장에 내렸다. 섬은 한 마리의 학이 서쪽을 향해 날아가는 모양새다. 멀지 않은 육지를 향해 날개를 펼치고 있다. 멸치잡이 어부들이 들어와 살면서 부자 마을이 되었다. 그때부터 바닷물이 이롭다는 뜻의 이수도 '이로운 물의 섬'이라 불리기 시작했다.

우기가 시작된 6월의 끝자락이다. 부부 동반 모임으로 왔다. 여섯 달 전에 사전 예약해야 한다. 민박집은 선착장에서 꽤 떨어진 언덕에 있어 발걸음을 옮겼다. 아담한 독채에 빨강 지붕이 눈에 확 들어왔다. 숙소에 짐을 풀고 둥지 민박 식당에 앉았다. 상다리가 휘어지게 나온 이른 점심에 감격을 안 할 수 없다. 모두 잘 차려진 밥상에 입을 다물지 못한다.

내 고향도 어촌이다. 부모님 살아 계실 때, 고향집 아래채에 민박 손님을 받는다는 이야기를 들었다. 이웃집 자식들은 계절 따라 민박 손님을 소개해 준다고 했다. 나는 모른 척했다. 연로하신 부모님께는 벅찬 일이라고 생각했다. 아무리 민박이라지만 어머니 성품에 오는 손님마다 밥 한 끼 챙겨 먹이는 걸 알고 있었기 때문이다. 밥상을 차리는 일이 얼마나 힘든 일인가. 잘 차려진 밥상에서 가슴에 휘도는 깊은 정을 느낀다.

부모님은 사 남매를 먹이느라 손에 물 마를 날이 없었다. 자식

입에 들어가는 것은, 모두 물로 씻고 끓여야 했다. 먹은 후에는 물로 다시 설거지해야 한다. 이로운 물은 자식을 위해서 기꺼이 자신을 내주는 마중물이다.

돌아가시기 전까지도 다시마, 멸치, 미역, 톳, 등 바다나물을 좋아하는 막둥이 딸에게 택배로 보내주셨다. 나이가 드는 걸까. 바짝 마른미역에서 물소리가 들린다. 얼마 전까지 바다에 들어가서 직접 채취한 것들이다. 바닷속에서 호~이 하며 거친 숨 쉬는 어머니 숨비소리 아득하게 전해온다.

이수도에서 1박 3식이 시작된다. 주부들은 흔히 여행의 참맛을, 다른 사람이 해 주는 밥 먹는 것으로 친다. 나도 직접 요리하지 않은 음식을 먹을 수 있다는 데 큰 기대를 하고 온 여행이다. 가자미조림과 문어숙회를 먹으니 푸른 바다가 펼쳐진다. 물먹은 가리비 속살이 입안에서 툭 터지면서 일렁대는 파도처럼 혀끝을 감싼다.

나오면서 슬쩍 살펴본다. 식당에 앉아 있는 사람들 모습이 다양하다. 3대가 모인 가족, 중년의 여자 친구 5명, 부부 동반, 연령대가 각각 다르다. 저 사람들도 나처럼 남이 해 주는 밥을 먹기 위해 여기 온 것인지도 모른다. 주부라면 한 번쯤은 오고 싶은 곳이 아닐까.

후드득후드득 빗방울이 떨어진다. 아뿔싸 가는 날이 장날이라 했던가. 날씨가 따라 주지 않는다. 어느새 비는 바람을 몰고 와 우산의 용도를 잃어버리게 만든다. 조금 전까지만 해도 민박집 담장 가에서 하품하던 능소화가 울면서 떨어진다. 배부르게 먹어서 그런지 사람들은 비바람에도 아랑곳하지 않고 푸근한 표정으로 돌아간다.

오늘 하루 동안은 엄마 자리를 사표 냈다. 주부의 자유롭고 행복한 이면에는 변함없이 엄마 자리를 지키는 이수도 민박집 아주머니가 있다. 손끝 하나 대지 않은 이수도의 식사는 그동안 차려냈던 수많은 밥상에 대한 보상 같다.

드디어 출발하는 아침. 이수도 선착장에는 여객선을 타기 위해 사람들이 몰려든다. 바다는 언제 그랬냐는 듯 잠잠하다. 아직도 비는 지분지분 선착장을 적신다.

출항하는 여객선에서 이수도를 뒤돌아본다. 이로운 물의 섬은 세 개의 방파제를 바다로 뻗은 채 여전히 이로운 물속에 잠겨 있다. 집에 가면 무슨 반찬을 만들어 먹을까, 냉장고 속 식재료를 떠올려 본다. 냉동실에 얼려 놓은 따개비, 조개, 새우, 우럭들이 해동되면서 제 몸에 품었던 물을 밖으로 내놓는 것 같다. 오늘 저녁에는 해물탕이라도 끓일까. 이로운 물을 가르며 여객선은 항구에서 미끄러진다.

천계로 가는 계단

"정상까지 얼마나 남았을까요?"

내려오는 사람을 붙잡고 간절한 마음으로 묻는다.

"한 시간 더 올라가야 합니다."

그 대답에 심장이 쿵 하고 내려앉았다. 애써 힘을 주고 있던 다리가 풀리는 기분이다. 계단을 내려다보는 사람의 표정에는 마치 산을 품은 듯한 고요함이 느껴진다. 끝이 보이지 않는 계단 중간에 서서 남편과 함께 잠시 쉰다.

중간에 포기하고 내려가는 사람도 더러 있다. 서로 응원하며 함께 올라가는 친구 두 명이 우리 부부와 앞서거니 뒤서거니 걸어간다. 아직도 가야 할 길은 멀기만 하다. 애초에 팔공산 갓바위 가는 길을 너무 쉽게 여겼던 모양이다.

그 과정이 어렵다는 얘기를 듣긴 했지만, 이 정도일 줄은 몰랐다. 어느 해보다 더운 여름에 내가 얼마나 준비가 부족했는지 실감한다. 산에 오르는 복장 또한 불량하다. 눈에 확 들어오는 파란색 긴 원피스를 입었다. 이상하게 자꾸만 쳐다보는 시선에 애써 모른척했다. 물도 손 선풍기도 차 안에 두고 왔다는 생각이 스친다.

꾸준히 이어진 계단은 살아가는 세상사와 다르지 않다. 한 걸음씩 올라가는 계단이 마라톤과 닮았다. 일정한 페이스를 유지해야 하기 때문이다. 호흡과 체력을 효율적으로 조절하며 중간에 포기하고 싶은 마음과 싸워야 한다. 달릴 때마다 무릎에 짓누르는 무게는 지나가는 바람에 흩어져 사라진다. 몇 번이나 흐트러지는 맥박은 근육의 피로와 통증 속에 흔적을 남긴다. 목표를 향해 가는 과정에 왜 포기하고 싶은 마음이 없겠는가. 목표를 품고 가지만 완주하는 순간 그 목표는 사라진다.

다시 힘을 내어 목표를 향해 오른다. 선본사 풍경소리 등에 지고 기묘하게 생긴 바위틈을 따라 걷는다. 발아래 돌계단은 손으로 다듬은 것처럼 매끄럽다. 수많은 발걸음이 남긴 흔적이 반질반질하다. 남편은 이미 땀으로 범벅이 되어 있다. 수시로 목에 걸린 수건으로 연신 땀을 닦아낸다. 수건 끝에서 땀이 물방울로 떨어진다. 나무 사이로 스며드는 햇살은 내 어깨를 찍어 누른다. 서로 말없이 앞만 보고 걷는다. 가끔 부는 바람이 땀에 젖은 얼굴을 시원하게 식혀준다. 그렇게 조금씩 위로 오를수록 마음이 점점 가벼워진다.

1,365 계단 길 입구에 들어섰을 때는 온갖 바람으로 마음이 팽팽했었다. 발자국 앞에 떨어지는 땀방울 따라 소원은 점차 희미해진다. 한 발 한 발, 그 무게를 느끼며 걸음을 옮길 때마다 지나온 내 삶의 순간들이 머릿속을 스쳐 지나간다. 내 안의 욕망을 내려놓아야 비로소 올라갈 수 있는 길임을 깨닫는다. 천계로 가는 계단은 단순히 힘으로 오르는 것이 아니다.

마침내 갓바위가 눈앞에 나타났다. 잠시 숨을 고르며 그 자리에서 멈춰 선다. 위엄 있는 바위가 하늘을 배경으로 우뚝 서 있는 모습에 가슴이 두근거린다. 장엄한 자연 앞에 서는 순간 목표는 사라진다. 중간에 포기하지 않고 올랐기에, 더 이상 오를 계단이 없다는 게 행복으로 다가온다.

갓을 삐딱하게 쓰고 약간 돌아앉아 있는 갓바위 할아버지의 표정은 어딘가 못마땅하고 떨떠름해 보인다.

"인간들아, 뭐 여기까지 올라와서 소원을 말하느냐. 나는 더 이상 들어 줄 것이 없다."

시끄럽다며 고개를 조금 비틀고 있다. 순간 나는 마음속에서 빌 말이 아무것도 떠오르지 않았다. 여기까지 올라왔으니 이미 육체의 건강은 이루었고 안개 사이로 풍광을 내려다보니 이렇듯 편안하다. 마음 또한 가득 찼다. 여기가 천계인가 보다.

마음속에 가득했던 짐을 내려놓는다. 이곳에 오르기까지의 모든 발걸음이 내 삶의 무게를 덜어준 것 같다. 갓바위 할아버지께 인사를 드리고 계단을 내려선다. 내려가는 발걸음이 한결 가볍다. 멈춰 서서 뒤돌아본다. 돌바닥에 닿은 이마 꼭 닦아줄 듯 입꼬리 살짝 올린다. 갓바위 할아버지의 온화한 미소가 어깨 위로 따스하게 내려앉는다.

인생은 이 갓바위 계단 같다. 오르는 계단이 끝이 없어 보여도 어느덧 내려오는 계단을 마주한다. 다만 끝까지 오르는 사람만이 천계에 이른다. 언젠가 욕심으로 마음이 가득 차면 이 계단을 다시 찾아오리라.

해무

 이류 안개다. 따뜻하고 습한 공기가 찬 수면 위로 이동하며 안개를 만든다. 장생포 해안가 모퉁이를 돌아서자, 포구는 안갯속에 가물거린다. 오후의 태양은 졸린 듯 눈꺼풀을 깜빡인다. 소금 냄새가 물씬 풍기고 작은 배들은 파도에 흔들리며 부딪쳐 으스러지는 소리를 낸다. 고래 박물관을 지나 걸으며 미세한 염분 입자가 입술에 달라붙는다.

 오늘은 운이 좋은 날이다. 신비롭고 운치 있는 풍경을 마주했다. 해무는 바다 위로 점점 퍼진다. 살랑살랑 한 줄기 바람이 스친다. 고래 박물관 맞은편에 자리한 고층 아파트들이 삐죽삐죽 고개를 내민다. 텁텁한 공기가 바다 위를 지난다. 신비로운 물방울들이 나를 감싼다.

기류와 해류의 온도 차이로 수증기가 만들어진다. 점점 뜨거워지는 지구를 바다가 온몸으로 식히고 있다. 해무는 지구온난화를 누그러뜨리는 데 도움을 준다. 또한 존재 자체로 해양 생물에게 먹이가 되어 작은 생물들을 품는다. 해무는 생명을 포용하고 아우르며 시원의 바다를 먹여 살린다.

고향 마을 축산항 등대는 해무가 끼는 날이면 더 바빠졌다. 약한 바람이 불고 분주했던 하루가 저물 무렵 해무는 짙게 피어오른다.

'빠~앙.'

기차가 달리며 울리는 소리처럼 무종이 울려 퍼진다. 등대는 수시로 반짝이며 위치를 알려, 주변 선박에 경고를 보냈다. 가시거리가 짧아진 탓에 선박끼리의 충돌을 방지하기 위해서다. 무종과 등대 빛은 서로 어우러져 바다를 향해 뻗어나갔다.

언제부터인가 묽은 안개가 자욱하게 피어올랐다. 하늘과 바다가 맞닿은 아스라한 수평선을 바라보는데, 무종 소리가 귓전을 울렸다. 그때 바다로 물질하러 나간 엄마가 돌아오지 않았다는 생각이 스쳐 지나갔다. 해안가를 따라 이어진 동네는 층층이 쌓인 해무 장막에 가려 사라졌다.

집 앞 바다가 겨우 손바닥만 하게 보였다. 장독대에 올라 눈을 비벼보았지만, 엄마가 돌미역을 따던 갯바위도, 하얀 등대도, 먼 바다에 떠 있던 배들도 보이지 않았다. 해무에 젖은 머리카락이 눈가를 적셨다. 어린 나는 무종이 그치기만을 기다렸다. 무종이 멈추면 엄마가 무사히 돌아올 거라고 생각했다.

요즘 며칠 동안 내 마음에도 해무가 가득했다. 어느덧 딸이 결혼 적령기가 되자, 지인들이 몇 사람을 소개해 주었다. 나도 괜히 마음이 달아올랐다. 신부의 아름다운 모습을 떠올리며, 사위를 맞이할 생각에 살짝 기대되었다. 다음 달에 친구 딸이 결혼한다는 소식도 부러웠다. 조금 기대하면서 조심스레 딸에게 결혼 이야기를 꺼내 보았다.

딸은 혼자 여행을 다니고, 좋아하는 가수 콘서트에 참여하며 즐겁게 살겠다고 말했다. 아직 결혼 생각은 없다며 비혼주의를 선언했다. 찬물을 뒤집어쓴 듯한 기분이었다. 얼굴이 확 달아오르고, 우리는 서로의 생각을 알 수 없는 오리무중에 빠져들었다. 우리 사이엔 앞이 보이지 않을 만큼 짙은 해무가 끼었다.

집 안에서는 무종이 수시로 울렸다. 현관문 여닫는 소리, 전화벨 소리, 식탁에 수저 놓는 소리조차도 무종 소리처럼 들렸다. 우리는 서로 부딪치지 않으려고 애썼다. 침묵이라는 해무가 집 안을 가득 채울수록 우리는 마음을 감추고 도사렸다. 마음이 눅

눅하게 젖어갔다.

해무는 급격히 생긴다. 사라지는 데 그리 오래 걸리지 않는다. 해무 자체가 서로 적당한 온도를 유지하기 위한 자연의 이치다. 시간이 지나면서 온도 차이는 자연스레 줄어든다. 해무는 바람에 사라졌다가 다시 생기기를 반복한다. 마치 소멸하기 위해 존재하는 듯한 아이러니를 품고 있다.

나는 해무가 걷히기를 기다렸다. 보이지 않으면 서로를 조심스레 탐색하게 된다. 해무 속에서 헤맨 지 며칠이 지났다. 딸이 먼저 곁에 다가와 자신의 마음을 이야기했다. 조금씩 서로 이해하며 멀어진 거리를 좁혀갔다. 불통에서 소통으로 건너가는 그 순간 딸의 마음이 내게, 내 마음이 딸에게 스며들면서 걸림이 사라졌다. 해무가 옅어지며 무종이 그쳤다. 결국 결혼은 본인의 선택이 아니겠는가.

한 무리의 사람들과 함께 걷는다. 해무가 내 눈앞에서 수증기처럼 조금씩 옅어지기 시작한다. 해안가에 있는 회색빛 큰 고래 조형물 앞에 도착했다. 구릿빛 남자가 마이크를 잡는다. 그의 목소리는 부드러운 안개 같다. 맨 앞에 서 있는 젊은 여성이 동전처럼 동글한 눈으로 경청한다. 해무 속에서 그녀의 연둣빛 조끼가 시야에 선명하게 들어온다.

바다와 해무, 그리고 푸른 하늘이 뒤섞여 흐른다. 갈매기 떼가 서쪽으로 날아간다. 갈매기가 날아가는 방향으로 바다가 점점 넓어지고 있다. 하늘과 바다가 침묵 속에서 서로의 온도를 인정하는 순간, 해무는 시야에서 완전히 사라진다. 맑아진 해수면 위로 보드라운 바람이 지나며 바다 향기를 남긴다.

앞이 보이지 않을 때는 해무 속에서 잠시 쉬어 가는 것도 방법이다. 쉼 속에서 서로의 온도를 맞춰 가는 것이다. 차츰 걷히는 해무를 따라 슬그머니 빠져나온다. 무리의 뒤를 쫓던 갈매기 한 마리가 옅어진 해무를 뚫고 푸른 하늘 위로 힘차게 날아오른다.

여수 밤바다

 누군가 오색 보석이 든 상자를 밤바다에 떨어뜨렸나 보다. 바다에 가라앉은 보석이 진주처럼 자라나며 빛을 쏘아 올리는 듯하다. 어둠이 만들어 낸 새까만 캔버스 위로 불빛이 그리는 풍경이 로맨틱하다. 화려한 밤의 유혹이 손짓한다. 자산공원에서 바라보는 야경만으로도 가슴이 설렌다.
 바다 위를 왕복으로 날기 위해 케이블카 승강장에서 줄을 서서 기다린다. 섬과 육지를 연결하는 여수 해상케이블카는 밤에 타야 진수를 맛볼 수 있다. 아시아에서는 싱가포르, 베트남, 홍콩 다음으로 바다 위를 통과하는 해상케이블카다. 아래가 훤히 내려다보이는 크리스탈 캐빈이 매진되어 일반 캐빈을 끊었다. 빨간색 케이블카가 다이아몬드 같은 전구 불빛을 반짝이며 밀려온다.

네모난 상자는 생각보다 넓다. 사방으로 유리창이 훤히 보인다. 남편과 마주 앉는다. 케이블카가 움직이자, 발이 허공을 딛는 느낌이다. 흔들리며 움직이는 어깨. 짜릿한 스릴감이 도파민을 만든다. 깨물어도 부서지지 않는 빛의 바다로 항해가 시작된다.

남편은 쉬지 않고 사진을 찍으며 발아래를 보라고 한다. 마침 검푸른 바다를 지나가는 크루즈는 한가득 보석을 실은 채 매혹적으로 흘러간다. 해상에 큰 철탑이 에펠탑처럼 다양한 색으로 변신한다. 그 위를 울렁거리며 통과한다. 저만치 연안을 따라 색색의 빛이 깃발처럼 바다에 제 몸을 드리우고 흔들린다. 우주 상공을 날아다니는 환상적인 분위기이다.

내일이면 설날이다. 명절 연휴 기간에 여행을 왔다. 몇 해 전부터 제사를 막내가 모신다. 코로나 이후로 형제들은 참석하지 않는다. 설날 아침에 차례상을 카톡으로 회신한다. 막내동서 덕분에 제사 비용만 보내고 있다. 요즘은 제사를 지내지 않는 가정들이 많다고 한다. 여기 여수에서도 가족 여행객이 눈에 많이 띈다.

이번 여행지 선택은 탁월했다고 엄지손가락을 추켜올려 본다. 마주 앉은 자리에서 멋쩍어하는 남편 뒤로 돌산대교의 다채로운 조명이 스친다. 해상케이블카는 돌산공원에 도착한다. 자산

공원과 돌산공원, 두 승강장 사이를 15분가량 날아온 셈이다.

어느 여배우가 시상식에서 했던 말이 떠오른다. 반짝이는 드레스를 입고 무대에 오른 그녀는 "아름다운 밤이에요."라며 한 손을 들어 흔들었다. 그녀는 오랜 연기 생활 동안 노력하며 발전해 온 배우였다. 그날 그 순간 그녀는 스스로 환히 빛났다.

저 멀리 별빛처럼 빛나는 광양제철소의 야경이 한눈에 담긴다. 철강 수요를 공급하기 위해 포항에 이어 세워진 우리나라 두 번째 제철소다. 해양 최남단 요충지에 세워졌다. 악천후에도 입출항이 가능한 곳이다. 어쩌면 여수의 야경은 그곳에서부터 시작되었는지도 모른다. 밤과 낮 없이 불을 밝히며 일하던 시절이 있었다. 우리 모두 산업화 세대의 역군으로 살아내는 책무가 힘들었던 세월이었다.

우리는 맞벌이 부부였다. 딸아이가 유치원 다닐 때 아이를 돌봐 줄 시부모님이 계시지 않았다. 함께 일하는 동료들은 시어머님이 손자들을 돌봐 준다고 했다. 정말 부러웠다. 처음에는 직장이야 아이를 키운 후에 다시 구하면 되지 싶었다. 하지만 그동안의 경력이 아까웠다. 가까운 지인에게 고민을 털어놓았다. 그때 지인이 아이를 돌봐 준다는 말에 한세월을 견딜 수 있었다.

아이를 떼놓고 출근하는 아침마다 속으로 눈물을 삼켰다. 일하다가도 아이의 별빛 같은 눈동자가 수시로 가슴에 박혔다. 그 작은 빛이 밤바다 같은 캄캄한 현실을 견디게 했나 보았다. 세월이 흘러 행복과 기쁨의 불빛들이 하나둘 켜지기 시작했다.

여수의 변화처럼 우리의 삶도 변했다. 고생 끝에 낙이 온다고 한다. 오늘 여유를 즐길 수 있는 것 또한 지난날 열심히 일한 덕분이지 않을까. 멀리서 보면 이토록 아름다운 빛이지만, 가까이에서 보면 쉬지 않고 불을 밝히는 이들이 있다. 그렇게 생각하고 내려다보니 불빛이 더 반짝인다.

다시 인파에 휩쓸리며 돌아가는 케이블카에 몸을 싣는다. 제우스 몰래 불을 훔쳐 인간에게 전해 준 프로메테우스도 이런 야경은 보지 못했으리라. 만약 보게 된다면 그는 다시 인간에게서 이 불빛을 훔쳐 올림포스의 신들에게 가져다주고 싶어 하지 않을까. 인간의 땀으로 밝힌 빛의 파노라마가 밤바다 위를 휘황하게 수놓고 있다.

절로 〈여수 밤바다〉 노래가 흥얼거려진다. "바다, 이 조명에 담긴 아름다운 얘기가 있어. 네게 들려주고파." 연애 시절 때처럼 남편 앞에서 한 곡조 불러 본다. 널브러진 노래들이 공원을 세차게 헤집고 다닌다. 슬쩍 남편이 손을 잡는다. 손이 유독 따스하게 느껴지는 밤이다.

바다로 간 고래

물이 찰랑거린다. 반구대 암각화가 물에 잠겨 간들바람에 일렁인다. 통도사 서운암 장경각 앞이다. 방장 성파스님이 전통 나전 옻칠 기법으로 새롭게 탄생시켰다. 겹겹이 옻칠한 자개 조각들이 굴절된 햇살을 받으며 반짝인다.

한 걸음 더 가까이 다가선다. 고개를 숙여 자세히 들여다본다. 고래, 거북, 바다사자, 상어, 물고기가 보인다. 고래는 떼를 지어 바다를 거슬러 올라가고 있다. 그중 파랗게 옻칠이 된 고래가 숨을 뿜어내는 듯하다. 그 파장이 물결무늬를 일으킨다.

몇 해 전, 울주 반구대를 찾아갔었다. 여름 대곡천 반구대는 만연체였다. 오랜 세월 많은 인연이 다녀간 흔적이 낱낱이 층을 이루었다. 대곡천은 목이 말라 바닥을 드러냈다. 그사이 급한 강물을 받아치던 절벽도 잠시 숨을 골랐다. 한 줄기 바람이 암각화 앞 아득한 시간을 걷어내며 바다로 불었다.

 절벽 평평한 바위는 화폭이 되었다. 문자를 갖지 못했던 선사시대에 사람들은 커다란 바위를 찾아 자신의 바람을 새겼으리라. 주로 사냥과 어로와 관련된 그림들이다. 세계에서 가장 오래된 사냥 암각화. 선사인들의 생활터였던 태화강 상류 반구대 암각화는 7천 년이라는 이 땅에 유구한 역사의 증거이기도 하다.

 문화재로 지정되어 가까이에서 보지는 못했다. 망원경에 눈을 맞췄다. 망원경 안의 세상은 바다를 향해 납작 엎드려 있었다. 신석기 시대에 살다 간 사람의 생활이 바위에 새겨졌다. 시간의 물결 위로 그 시절을 읽었다. 스스로 새기고, 자연의 손에 의해 보존된 인간의 역사가 햇빛에 미끄럼을 탔다.

 고래 그림이 압도적이었다. 작살을 맞은 고래, 새끼를 배고 유유히 헤엄치는 고래 모습이 보였다. 그 옆으로 등 위에 새끼를 업고 다니는 어미 고래가 인상에 남았다. 새끼 고래의 숨쉬기를 돕는 행위다. 고래는 인간처럼 모성이 강한 동물로 알려져 있다.

 고래는 새끼를 낳고 허파로 호흡한다. 또 고래에는 인간의 꼬리뼈 같은 다리뼈 흔적이 있다. 처음에는 지상에서 살았다는 증거다. 그런데 다리가 점점 짧아져 육지에서 살아가기가 힘들어졌다. 땅에서의 생존은 속도에 비례했다. 고래는 다리가 짧아서 슬픈 동물이었다. 어느 순간, 고래는 살기 위해 바다를 찾아 떠난다. 폐에 물이 차면 익사하는 고래가 했을 그 치명적 선택이 느닷없이 명치에 턱 걸렸다. 햇살에 드러난 저 암각화 속 고래는 허파에 공기를 가득 채우고 있을까.

 우리나라 토종 고래는 상괭이다. 물빛에 광택이 난다고 해서 붙은 이름이다. 고래는 사람처럼 사회적인 동물이다. 작은 무리를 지어 다닌다. 가족 단위로 다니는 상괭이는 수심이 얕은 연안에서 산다. 제주도와 남해안에서 자주 목격된다. 얼굴이 미소 짓는 듯 보인다고 해서 '미소 고래'라는 별칭이 있다.

 뉴스에서 상괭이 사체를 건져 올리는 장면이 보도되었다. 어부가 쳐놓은 그물에 죽은 고래가 걸린 것이다. 여기저기 피부가 벗겨진 상괭이는 그래도 여전히 미소를 띠고 있었다. 어부가 배를 가르자, 놀랍게도 그 속에서 플라스틱 쓰레기가 쏟아져 나왔다. 비닐 조각과 페트병, 낚싯줄 등이었다. 섬뜩했다. 아득한 옛날, 살아남기 위해 바다로 갔던 고래가 오염된 바다에서 죽은 것이다. 이제 고래는 또다시 어디로 가야 한단 말인가.

 돌아갈 곳이 없어진다는 건 다른 출구가 없다는 이야기다. 지상의 온갖 쓰레기들이 바다로 흘러든다. 직접 바다에 버리는 쓰레기도 적지 않다. 대부분 쓰레기는 화학연료의 산물이다. 그로 인해 생명의 마지노선을 사수하던 바다가 오염되었다. 인간의 편리와 탐욕이 불러온 결과에 반성만 하다가 마침내 고래를 죽였다.

 이제 바다의 온도마저 올라가는 추세다. 먹이사슬의 아랫단이 심각하게 훼손되고 있다. 고래의 배변이 플랑크톤의 먹이가 되고, 플랑크톤은 물고기의 먹이가 된다. 그 물고기를 고래가 다시 먹는다. 먹이사슬의 위와 아래는 생각보다 가깝게 맞닿아 있다. 바다의 최상위 포식자의 죽음은 뭇 생명의 시간이 얼마 남지 않았음을 알린다. 고래가 사라지면 인간도 사라진다. 그렇게 되면 생명의 천체도 같은 이 암각화 그림들은 영원히 해독할 수 없는 암호로 남을지도 모르겠다.

 아직은 희망이 있다는 듯 물결이 다시 일렁인다. 고래 떼가 힘차게 유영한다. 마침내 바다에서 허파로 호흡하는 법을 습득한 고래가 물을 내뿜는다. 푸른 숨소리가 귀에 와닿는다. 인간도 살아남으려면 고통이 따르더라도 공생이라는 새로운 삶의 방식을 받아들여야 한다는 그들의 전언이다.

허공을 움켜쥐다

 빽빽하게 하늘을 향해 팔을 벌리고 있다. 하나같이 가느다란 손가락을 움켜쥐었다가 편 모습이다. 나무 한 그루에 수백의 손을 손바닥 펴듯이 펼쳐 보인다. 그 손들이 닿는 곳은 허공이다. 좀 더 사진을 확대해 본다. 손가락은 마치 몸속의 실핏줄처럼 가는 가지들이 서로 엉켜 있다. 그저 햇살 한 줌을 향한 치열한 몸짓이다. 사진 위에 나의 마음이 그대로 실려 버린다.

 한겨울, 하늘을 향해 찍힌 자작나무 숲 사진은 나를 매료시킨다. 평소에도 숲에 들어 작은 손거울을 땅에 놓고 들여다보면 나뭇가지를 품은 하늘 조각이 내려와 있었다. 그 순간 알 수 없는 중력이 나를 또 다른 세상 속으로 끌어당기는 듯했다. 여러 시각에서 찍힌 자작나무 숲 사진은 뿌리칠 수 없는 초대장이다.

미시령 고개를 넘는다. 어제 내린 눈으로 산야는 한 폭의 수묵화가 되었다. 모진 풍파에 깎인 바위의 먹색은 신비롭다. 먹색과 흰색이 조화를 이룬다. 골짜기 사이사이 쌓인 눈이 도리어 울산바위의 골격을 훤히 드러낸다. 모진 계절을 견디려 한껏 웅크린 거대한 짐승 같아 보인다.

강원도 원대리 일대도 이미 눈에 덮였다. 그 설원에 선 자작나무들은 흰옷을 입은 듯 고요히 서서 자신을 반추하는 것 같다. 눈밭 위에 줄지은 나목이 처연하면서도 신비로운 분위기를 자아낸다. 왠지 이국적이기도 하다.

은빛 세상을 향해 아이젠을 신고 눈길을 걷는다. 뽀도독뽀도독 하얀 길을 걸으면 겨울 추위도 잊을 만큼 눈 밟는 소리에 빠진다. 탐방 안내소를 지나 구불구불 휘어진 산허리를 돌아가며 나는 잠시 걸음을 멈춘다. 나도 모르게 뒤를 돌아본다. 내 뒤로 작은 발자국이 찍혀있다.

오래전, 역사의 틈바구니에서 이렇듯 흰 눈밭에 발자국을 찍은 이들이 있었다. 나라를 잃고 어쩔 수 없이 쫓겨 간 동토에서였다. 독립운동을 하기 위해 간 사람도 있었고, 굶어 죽지 않으려고 가족을 이끌고 유랑의 길에 들었다. 인간의 여정 뒤에는 그 발자국이 자연스레 남기 마련이다. 슬픈 발자국은 시베리아의 자작나무 숲으로 이어졌다.

  시베리아 설원에 울창한 자작나무 숲을 달리는 기차는 영화 〈닥터 지바고〉의 명장면이다. 낭만적으로만 바라보았던 그곳은 나라를 잃은 한민족이 강제로 이주된 곳이기도 하다. 맨손으로 쫓겨난 그들의 눈앞에는 그들처럼 흰옷을 입은 자작나무 숲이 끝도 없이 펼쳐져 있었을 것이다. 말도 통하지 않는 곳에서 천대받았을 이방인의 삶은 상상조차 되지 않는다. 그야말로 허공을 움켜쥐고서라도 살아야만 하는 생이었을 것이다. 그나마 그들과 닮은 자작나무 숲이 그들에게 작은 위안이 되었을 것이라는 생각이 든다.

  숲 한가운데 도착한다. 가까이 다가가서 자작나무를 손으로 만져본다. 하얀 부분은 마치 아기 피부처럼 매끄럽다. 검은 부분은 거칠거칠하다. 냉기를 견디기 위한 몸부림의 흔적이 느껴진다. 자작나무의 검은 얼룩이 예사롭게 보이지 않는다.

  자작나무는 영하 40도의 혹한을 이겨낸다. 한민족의 디아스포라였던 그들은 강인한 자작나무가 되어 그곳에서 살아남았다. 영화 〈영웅〉의 첫 장면처럼 자작나무 숲에 태극기를 걸어 놓고 혈서를 쓰며 독립을 맹세하고, 백석의 시에서처럼 자작나무로 집을 짓고 장작도 때며 악착같이 생명을 이어갔다. 그들이 흘린

붉은 피는 흰 눈 속으로 스미고, 검은 눈물은 푸른 자작나무의 수관을 타고 올랐을 것이다. 어찌 보면 자작나무의 저 거뭇한 무늬들은 그들의 가슴에 남은 멍 같기도 하다.

고려인이라 불리던 그들이 고향으로 돌아온다는 소식을 들었다. 광주광역시에는 5,700여 명이 거주하는 고려인 마을이 형성되었다. 주로 우크라이나와 러시아에 거주하던 고려인 2, 3세들이다. 세월이 흐르다 보니 고국의 말이나 문화에 서툰 사람도 많다고 한다. 어찌 보면 그들은 이곳에서 또다시 이방인이 되는 것이 아닐까.

자작나무는 얼어붙은 땅에만 자라는 줄 알았다. 그러나 우리나라에서 자생하는 자작나무 숲도 있다. 강원도 이상의 북쪽 지역뿐만 아니라, 요즘은 경상도 일대에도 넓게 조성된 자작나무 숲이 많다. 그만큼 많은 사람이 사랑하는 숲이라는 방증이다. 돌아온 고려인들의 삶도 원대리의 이 아름다운 숲처럼 평온하고 따뜻하면 좋겠다.

저 멀리 자작나무로 지어진 인디언 집이 보인다. 하얗게 눈을 덮은 통나무 귀틀집이다. 그 앞에서 기념사진을 찍는다. 숲을 한 바퀴 걸었더니 자작나무 숲이 더 친근하게 느껴진다. 올라올 때 내리지 않던 눈이 푸슬푸슬 내린다. 솜털 같은 눈송이가 자작나무 가지 위에 앉아 반짝인다. 마치 겨울왕국에 온 듯한 기분이다.

하늘을 올려다본다. 자작나무는 여전히 하늘을 향해 가지를 힘껏 뻗고 있다. 바람에 잔가지들이 흔들릴 때마다 그 가지들 사이로 겨울 햇살이 비친다. 손바닥을 펼치니, 한 줌의 희망이 그 위에 내려앉는다.

켈리그라피

자꾸만 시선이 머문다. '꽃'이라는 글자가 봄날 활짝 핀 꽃처럼 화분 그림에 피었다. 두 개의 기역은 크기를 다르게 하고 힘을 빼내어 흐름이 매끄럽다. 세로로 긴 족자의 글자가 우아하게 춤을 추는 듯 곡선이 돋보인다. 균형 잡힌 공간 속에서 글자가 살아 숨 쉬며 긴 호흡을 한다. 아름다운 글쓰기를 표현하는 켈리그라피 작품이 우리 집 거실에 걸려있다.

켈리그라피(Calligraphy)는 글씨체의 일종이다. 손으로 그린 문자라는 뜻이지만, 글자를 순수 조형의 관점에서 본다. 변화의 힘과 유연성, 여백, 선의 굵고 가늚과 번짐까지 아름다움의 요소가 된다. 손으로 쓰기에 모든 켈리그라피는 일회성이라는 특징과 한계를 지닌다. 한번 쓴 글씨는 보정할 수 없다. 즉 개성적

표현과 우연성이 중시되는 분야다.

문득 처음 배울 때 생각이 난다. 제일 먼저 기본선 긋기를 연습했다. 붓펜 하나로 백지 위에 가느다란 선을 가로로 그었다. 처음과 끝이 일정해야 하지만 쉽지 않았다. 세로로 선을 긋기 시작하면 화선지 위는 혼란으로 가득 찼다. 손이 흔들리면서 간격은 물론 커다란 얼룩까지 생겼다.

이론은 머리에서 맴맴 돌 뿐이다. 옆에 앉은 사람들이 쓴 글자를 보았다. 나보다 매끄럽게 굴러가는 듯했다. 그 사람들보다 더 잘 쓰고 싶었다. 붓을 잡은 손에 힘이 들어갔다. 선이 점점 흐트러지더니 급기야 옆 선을 침범했다.

경계를 함부로 넘어가면 안 되는 거였다. 바야흐로 완연한 봄날, 창녕 유채꽃 축제에 갔을 때다. 목을 길게 뺀 유채꽃으로 남지공원은 노랗게 물들어 있었다. 우리나라 유채꽃밭 중에 제일 크다고 했다. 바람에 넘실넘실 춤을 추는 유채꽃에 빠져 버렸다.

이리저리 사진을 찍는데, 들어가지 말라는 팻말이 보였다. 왜 유독 그곳의 유채꽃이 더 활짝 핀 것처럼 보였을까. 줄을 쳐놓은 그 선을 넘지 말아야 한다는 걸 알지만, 순간 마음이 흐트러졌다. 유채꽃을 밟으며 선 안으로 들어갔다. 그때 어디선가 호루라기 소리가 들렸다. 허둥지둥 나오는데, 아마도 부끄러움에 내 얼굴색이 노랗게 물들었지 싶다. 때로는 작은 일에도 욕심을 조절하기가 어렵다.

호흡을 가다듬고 다시 천천히 세로줄을 그었다. 붓을 어떻게 잡느냐에 따라 무게감도 다르게 나타난다. 붓을 조금 위로 잡아 마음의 여백을 주었다. 종이 위에 중심점을 잡고 비율에 맞게 점을 잇는 기분으로 선을 그어갔다. 점차 선들이 정렬되면서 질서가 생겨났다.

우리가 사용하는 말에도 선은 존재한다. 지난주 아침, 헬스장에서 운동할 때였다. 늘 들리던 경쾌한 음악이 갑자기 느린 발라드로 바뀌었다. 질서 있게 운동하던 사람들의 리듬이 흐트러졌다. 한 회원이 항의하자 선을 넘는 무례한 말이 돌아왔다. 한마디 말을 하면 자기만의 기준으로 상대를 재단하는 사람이었다. 한순간에 주위 분위기가 어색하게 굳었다.

운전하다 보면 도로에 그어 놓은 차선이 보인다. 오고 가는 방향 표시는 사고의 위험을 줄이기 위함이다. 그러므로 중앙선은 생명선이다. 졸음운전으로 한순간에 그 선을 넘는 순간 예상하지 못한 일들이 생긴다. 대형 사고로 이어지면 이승과 저승의 갈림길이 된다. 때때로 선은 자신의 아집을 버리고 순순히 복종해야 하는 지침이 되기도 한다.

붓펜은 마음대로 움직여 주지 않았다. 가늘게 선을 긋고 싶은데 때로는 나의 마음과 반대로 굵게 나왔다. 호흡과 힘 조절이 필요했다. 만족을 모르고 채우려고 할수록 선은 균형을 잃어버렸다. 숨을 쉬지 않고 집중해 선을 그었다. 호흡이 안정되면서 점차 선이 반듯하게 그어졌다. 어느새 화선지를 가득 채운 선들은 묘하게도 나를 닮아 있었다.

점이 모여 선이 되고, 선들이 모여 하나의 글자가 만들어진다. 딱딱한 직선과 부드러운 곡선의 만남이 조화로울 때 예쁜 글씨가 완성된다. 처음 쓰는 단어가 '꽃'이었다. 여러 번 반복하며 연습했다. 쌍기역의 초성으로 두 송이 활짝 피어 있는 꽃 그림을 그렸다. 마지막 종성의 'ㅊ'은 연하게 썼다. 마치 화분에 꽃이 핀 것처럼 느껴졌다.

낮이 기울고 저녁이 거실에 잠잠하게 내리는 시간이다. 족자 아래 하얀 줄무늬가 있는 사기 화분에 호접란이 꽃을 피웠다. 보랏빛이 은은하게 거실의 족자와 조화를 이룬다. 꽃대가 두 개다. 자연스럽게 둘로 나뉘어 있지만, 서로 조화를 이루며 선을 타고 높낮이를 이어간다. 그 꽃줄기 위에 켈리그라피로 그린 또 다른 꽃 두 송이가 소담하게 피어 어스름히 저녁 빛에 물들고 있다.

제3부

가을에 쓰는 진술서

 간밤에 가을비가 보슬보슬 내려 대지를 적시고 지나간 아침 산책길이다. 나무들은 알록달록한 단풍으로 몸단장하고, 낙엽은 햇살을 받아, 세수를 한 것처럼 깨끗하다. 비록 가지에서 떨어졌지만 아직은 이 가을 풍경에서 사라질 때는 아니라는 듯이 말이다.
 발아래 밟히는 나뭇잎 하나를 주워 바라본다. 떨어진 나뭇잎이 가을에 남기는 나무의 편지 같다. 가을바람이라는 우체부가 이 편지들을 누군가의 발아래로 배달한다. 나뭇잎 편지를 주워 들고 누군가는 '어머니 전 상서'로 시작되는 편지를 떠올릴 것이고, 어떤 이는 가슴 설레던 첫사랑의 편지를 떠올릴 것이다. 하나같이 알록달록한 만큼 구구절절한 사연들이다.
 또 다른 나뭇잎을 주워 들고 자세히 살피니 이 편지들은 하나도 같은 것이 없다. 단풍이 들지 않은 채 물기 마른 녹색으로 떨어진 것도 있고, 얼룩이 진 것처럼 부분적으로 노란 물이 든 것도 있다. 벌레가 먹어 구멍이 난 것도 있고, 가장자리가 말려 들어가 꽈배기 모양이다. 그리고 성급하게 온통 붉은색으로 완전히 물든 것도 있다. 참 솔직한 편지다 싶다. 아니 나뭇잎의 인생을 그대로 쓴 진술서 같다.

  나뭇잎에 써진 이 다양한 무늬들은 이 잎이 나서 자란 흔적들이다. 녹색은 햇볕을 받아 왕성한 광합성 작용을 하던 때를 떠올리게 한다. 그때가 한창 좋은 시절이었으리라. 세상을 향해 힘 있게 뻗어 나가며 무서운 것이 없었을지도 모르겠다. 태양은 뜨거운 정열로 끝없는 응원을 보냈다. 갈수록 나뭇잎은 커지고 두꺼워지고 짙어졌다.

  그렇다고 어디 어려움이 하나도 없었을까. 긴 장마가 햇볕을 가리기도 하고, 태풍에 부단히 시달리기도 했을 것이다. 벌레에게 몸의 한 부분을 갉아 먹히기도 하고, 광합성이라는 그 치열한 노동의 대가를 꽃에게, 열매에게 다 뺏긴 것 같아 남모르게 가슴에 멍이 들기도 했을 것이다. 그리고 꽃도 열매도 되지 못하는 자신의 상실에 대해 깊은 고민도 했으리라.

  이제 찬 바람이 불고 이별을 예견한 나뭇잎은 자신의 진술서를 쓰기 시작한다. 노랗고 붉은빛으로, 주황이나 갈색으로 쓴 문장들은 하나같이 진솔하다. 이 노란 문장이, 이 붉은 문장이 고백하는 나뭇잎의 열정과 용기를, 좌절과 상실을 들려준다. 당당하거나 부끄러웠던 순간들, 벅차거나 공허했던 순간들을 파노라마처럼 보여준다. 나는 다시 나뭇잎의 진술서를 꼼꼼하게 읽는다.

작년 가을에 한 장의 진술서를 썼다. 30년 근무한 직장에서 퇴사하기 직전이었다. 나는 한 직장에서 청춘을 보내며 울고 웃었다. 사실 30년이라는 시간 속에서는 한 인간에게 일어날 수 있는 모든 일이 일어날 수 있다. 나무에 매달린 나뭇잎처럼 나는 직장 생활을 통해 커지고 두꺼워지고 짙어졌다. 비록 꽃이나 열매는 되지 못했더라도 말이다.

언제부터인가 이 직장과의 이별을 예감했다. 직장에 찬 바람이 불기 시작했기 때문이다. 바람의 방향이 바뀌면 모든 것이 복잡해진다. 겉으로 보이는 체계는 유지가 되지만 속으로는 위계질서가 무너진다. 동료들이나 후배들도 술렁이기는 마찬가지이다. 입장에 따라 의견이 갈리고, 이익에 따라서는 위치가 달라졌다. 갈수록 문제가 생기고 꼬이자, 급기야 직장에서는 직원들에게 그간의 내용을 적은 진술서를 쓰라고 지시했다.

내용이란, 경영주인 이사장 일가의 비리에 관한 것이었는데,

예를 들면 직원 병부에 올라와 있는 그의 식솔들이 제대로 출퇴근했느냐, 안 했느냐 같은 문제들이었다. 출근도 하지 않으면서 가족이라는 이유로 월급을 꼬박꼬박 받아 간 것도 모자라 집안의 가사도우미 월급 또한 직장에서 주고 있는 것이 사실이었다. 직원들의 퇴직적립금은 넣어두지 않은 상태였다. 불안한 직원들이 경영주에게 퇴직금이라도 적립해 달라고 사정했지만 한 푼도 해주지 않는다는 답변뿐이었다.

오랜 세월 동안 다닌 직장에 앞이 보이지 않는 안개가 드리워졌다. 우수수 떨어지는 낙엽처럼 여기저기 다른 부서에서 퇴사하는 직원들이 생겼다. 복잡한 경영주 싸움이 일어나고 여기서 좀 더 세월을 보낸다면 모든 것이 사라질 것만 같았다. 게다가 토지 구역 정리로 인해 직장이 이전해야 한다는 소식까지 들렸다.

이제 이 진술서 한 장을 어떻게 쓰느냐에 따라 각자의 이익이 달려있다고들 했다. 나는 있었던 그대로의 사실을 담아 진술서를 썼다. 과히 아름답지 않은 진술서였겠지만 거짓은 없었다. 땀과 눈물과 억울함과 상실이 그대로 밴 알록달록한 진술서였다.

퇴사 후, 한 달이 지나 한 통의 전화를 받았다. 있는 사실 그대로를 쓴 나의 진술서가 본인들에게 불리하다며 다시 진술서를 바꿔 달라고 했다. 그 순간 왜 나에게 거짓 증언을 하라고 하냐며, 그런 것으로 전화할 거면 두 번 다시 전화하지 말라는 말을 남기고 전화를 끊어 버렸다.

몇 달이 지난 후, 가까운 지인으로부터 전화가 왔다. 이유인 즉, 지난번 진술서를 쓴 사람들을 상대로 경영주 측에서 고소장을 내겠다는 것이었다. 직장 안에서 회람이 돌고 다른 직원들이 마음을 졸이고 있다고 했다. 그 말을 듣는 순간 머리에서 뚜껑이 확 열리는 것 같았다.

언제부터 우리 사회는 바로 박힌 정신대로 행동하면 이상한 사람 취급받는 사회가 되어 버린 것일까. 내가 살아온 삶에 대해 후회할 생각은 없다. 시간은 그 어떤 힘으로도 돌이킬 수 없다는 것을 안다. 따라서 지나버린 것은 고칠 수 없다는 것도 알 수 있는 나이가 되었다. 다만 나는 나를 속이고 싶지 않을 뿐이다.

아마도 나뭇잎들은 알 것이다. 삶을 살고 나서 진솔한 진술서 한 장을 쓴다는 것이, 얼마나 큰 용기가 필요한 것인지를. 새삼 주운 나뭇잎 한 장이 애틋하다. 언젠가 이 세상과 이별하기 전, 나도 좀 더 진솔하고 아름다운, 이런 진술서 한 장을 남기고 싶다는 생각을 문득 해본다.

회화나무

 가을 햇살이 넓은 들판을 노릇하게 익히고 있다. 벼들은 목덜미로 쏟아지는 따가운 햇살을 묵묵히 견디며, 마지막 담금질에 열과 성을 쏟고 있다. 이렇듯 절정을 향해 치닫고 있는 가을을 밟아 다다른 곳은 영덕군 영해면 전통마을이다.
 남동쪽에서 뻗어 내려오는 산줄기가 마을을 입(入)자 모양으로 둘러싸고 있어서일까. 유난히 안온하면서도 고즈넉해 보이는 마을이다. 고색창연한 고택들이 즐비한 이곳 괴시마을에는 목은 이색 선생의 기념관이 있다. 선생이 원나라에 있을 때 머물렀던 구양현의 탄생지인 괴시(槐市) 마을과 닮았다고 하여 이름 붙여진 마을이란다. 괴(槐)는 회화나무를 일컫는 말이다. 그리고 보니 마을 입구에 키 큰 회화나무 한 그루가 보인다. 목은 선생과 회화나무, 둘 사이에 특별한 내력이 있을지도 모른다며 걸음을 옮긴다.

　기념관은 남향으로 따사로이 앉아 있다. 아직 세상에 많이 알려지지 않은 곳이라 그런지 찾는 이도 별반 없다. 느긋하게 목은 선생의 발자취를 더듬어도 좋겠다. 기념관에 들어서니 목은 선생의 초상화가 먼 길을 찾아온 후손을 반긴다. 잠시 침묵으로 마주 선다.

　목은 선생은 포은 정몽주, 야은 길재와 더불어 고려 말 충절 삼은(三隱)으로 유명하다. 선생이 후세에 널리 알려진 까닭은 말할 것도 없이 목숨을 걸고 나라에 대한 절개를 지켜냈기 때문일 것이다. 그러나 누군들 목숨을 내놓기가 그리 쉬우랴. 아무리 충절을 지키기 위해서라 한들 그 절체절명의 순간에 바람 앞 등불처럼 흔들리지 않았으랴. 돌연 명치끝이 묵직해 온다.

　"백설이 잦아진 골에 구름이 머흐레라 / 반가운 매화는 어느 곳에 피었는고 / 석양에 홀로 서 있어 갈 곳 몰라 하노라."

　그의 심사를 적어 내린 시 한 수가 눈에 들어온다. 인간 목은의 고뇌가 엿보이는 시다. 조국 고려의 멸망을 앞둔 대혼란의 시기, 고독했던 목은의 등이 보인다. 위화도 회군으로 고려를 반역하고 조선을 세운 이성계로부터 출사를 종용받은 목은이었다. 이미 대세가 기울었다는 것을 뼈저리게 깨달았을 것이다. 고뇌에 찬 선생의 뒷모습이 짧지만 긴 시의 행간으로 자꾸만 얼비친다.

　기념관을 나서니 괴시 마을에도 석양빛이 내리고 있다. 집도, 나무도, 사람도 긴 그림자를 펼치고 있다. 가을빛에 물들어 풍성하기만 한 회화나무에는 마치 인간의 번민처럼 신산한 속가지가 가득하다.

　어쩌면 당시 목은의 속내도 그와 같지는 않았을까. 자신의 신념이 강하면 강할수록 내면의 고뇌 또한 커지는 것이 아니겠는가. 짙어지는 회화나무 그림자 아래에서 지난 일을 떠올린다.

　얼마 전, 직장 동료의 저녁 초대를 받은 적이 있다. 어둑어둑한 길을 밟아 약속 장소에 도착했다. 그런데 먼저 와서 기다리고 있던 그의 표정이 심상치 않아 보였다. 뭔지 모를 초조함이 읽어졌다.

　아니나 다를까. 그는 아주 조용한 목소리로 나에게 부탁 하나를 들어 달라고 했다. 경영상의 폐단을 시정하기 위해서는 직장 내의 내부 고발이 필요하다는 이야기였다. 비밀을 지켜주겠다는 말과 함께 직장 동료 한 사람을 배신하라고 했다.

　내 안의 생각들이 뒤엉키기 시작했다. 지금까지 친하게 지내 온 동료를 어떻게 고발할 수 있단 말인가. 조직이 나에게 요구하는 것은 나의 양심을 팔아 이익을 챙기라는 것과 같았다.

그의 말에 아무런 대답도 할 수 없었다. 더 이상 어떤 말도 들리지 않았다. 정지된 화면처럼 잠시 모든 것이 멈추어 서버렸다. 그는 연신 이러저러한 말을 쏟아 놓았지만 나는 귀를 막고 싶었다. 아니, 그 자리를 박차고 나가야 한다고 내 안의 내가 소리치고 있었다.

미안하지만 그럴 수 없노라고, 나는 단호한 어조로 뜻을 밝혔다. 예상하지 못한 일이란 듯, 그의 눈빛이 불빛에 흔들리고 있었다. 더 이상 그 자리를 지키고 있을 수가 없었다. 결국, 알 수 없는 불길한 예감을 뒤로한 채 일어서고 말았다.

그날 이후, 내게 되돌아온 것은 차가운 눈빛이었다. 그는 얄팍한 의를 강조하며 나를 이기적인 사람으로 내몰았다. 업무적인 일에도 트집을 잡으며 온갖 스트레스를 주었다. 나는 철저하게 왕따 아닌 왕따가 되어가고 있었다.

그러나 나는 흔들리지 않기로 했다. 내가 살자고 다른 사람을 늪으로 밀어 넣을 수 없는 일이었다. 힘들고 지친 시간이 이어졌지만 그래도 굳게 먹은 마음을 무너뜨리고 싶지 않았다. 하루살이처럼, 목전의 이익을 위해서 여기저기로 날아다니는 사람이 되지는 않겠다고 자신을 다잡았다. 무엇보다도 동료에 대한 의리를 저버릴 수 없었다.

처음에는 화가 나서 미칠 것만 같았다. 그런 제의를 하는 조직이 싫었고, 좀 더 빨리, 좀 더 강력하게 거절하지 못했던 내가 싫었다. 그의 제의가 얼마나 비열한 짓거리인지 쏘아붙이지 못한 것이 통탄스럽기조차 했다. 나에게 고통을 준 만큼 되갚아 주고 싶었다.

화가 날 때마다 걷고 또 걸었다. 얼마나 시간이 지났을까. 그 걸음이 나 자신을 향하고 있다는 것을 어렴풋이 느끼게 되었을 무렵, 가슴속에서 얽히기만 하던 감정의 타래가 가라앉기 시작했다. 나의 선택이 옳은 것이라면 언젠가는 이해를 받으리라는 확신도 싹텄다. 그때가 되면 내 안의 회화나무도 풍성한 잎과 꽃으로 결실을 보게 되지 않을까 싶었다.

시원한 바람이 코끝을 스친다. 태양이 뉘엿뉘엿 넘어가고 있다. 길게 휘어진 회화나무의 검은 그림자가 지치고 멍든 내 마음을 위로해 주는 것 같다. 기꺼이 외로운 길을 선택한 인간 목은 선생의 용기 앞에 깊이 고개를 숙이며, 앞으로 어떤 사람으로 살아가야 하는지를 스스로 일깨워 본다.

회화나무 한 그루를 가슴에 품고 돌아가는 길, 산자락에 걸린 노을이 참 곱다.

각시원추리꽃

 하늘을 우러러본다. 흰 구름옷은 서쪽으로 저만치 달아난다. 별 모양의 입을 벌려 파란빛 가득한 하늘을 담는다. 하늘에 실려 깔때기 같은 몸속으로 햇살이 고인다. 한 가닥 실처럼 한 올진 가지 끝에 등황색 작은 불이 켜진다. 바람이 불어와 낮에 뜬 별 같은 꽃을 흔든다.
 내원사 경내다. 눈으로 경내를 한 바퀴 돈다. 단아하고 고즈넉하다. 대웅전을 향해 손을 모으는데, 누군가 뒤에서 나를 빤히 바라보는 듯하다. 뒤돌아봐도 아무도 없다. 다시 고개를 돌리는 순간, 담장 아래 노란 꽃 하나가 나를 향해 볕을 쬐고 있다. 가까이 다가가 앉는다. 주황색 꽃밭에서 유독 고개를 내민 꽃 하나와 눈을 맞춘다.

초점을 맞춰 사진을 찍고 검색해 본다. 각시원추리꽃이다. 근심을 없애 준다는 꽃말이 있다. 꽃도 아름답지만, 나물로도 약으로도 쓰임이 많다. 아침에 피어 저녁에 지는 하루살이꽃이다. 무리 지어져 있어 여름내 피는 인상을 줄 뿐이다. 왠지 이름에 붙은 각시라는 말이 까슬하니 마음에 걸린다.

각시가 있으면 신랑이 있어야 할 터인데. 주위를 둘러봐도 신랑일 만한 꽃은 보이지 않는다. 각시원추리꽃은 어쩌다 이곳에서 피었을까. 나도 각시일 때가 있었다. 각시는 제 터전을 떠나 옮겨 심어진 꽃이다. 신랑을 사랑하여 결혼했지만, 생활환경도 주위 사람들도 낯설었다. 그저 혼인신고서에 이름을 적었다고 성씨가 다른 사람들이 내 피붙이가 되는 건 아니었다. 다른 토양에 뿌리를 내리려 무던히도 애썼던 각시 시절이 떠오른다.

각시는 할 일도, 신경 쓸 일도 많았다. 옷매무새나 화장에 공을 들였다. 말씨도 조심했다. 무엇보다 야무지게 살림하려고 애썼다. 간혹 집안에 크고 작은 일이 생기면 묵묵히 해결사 역할도 했다. 예쁘면서, 나물로도 먹고, 약으로도 쓰는 각시원추리꽃 같았지 싶다.

신랑 각시 사이에 아기가 태어나면 각시는 아낙이 된다. 환경에는 익숙해지지만, 역할은 늘어난다. 게다가 나는 결혼 후에도 줄곧 직장을 다녔다. 지금은 각시나 아낙 같은 말이 쓰이지 않는 현대지만, 여성에게 주어진 생활의 무게가 가벼워진 것 같지는 않다. 워킹 맘이니 슈퍼우먼이니 하는 말들이 대신할 뿐이다.

언젠가, 모 방송사에서 음식으로 수행하는 비구니 스님의 일상을 담은 프로그램을 방영한 적이 있었다. 흔히 우리가 보는 스님과는 다른 공양간 스님이었다. 6장의 꽃잎을 떼어 찹쌀을 묻혀 기름에 튀겼다. 꽃을 짓이겨 얻은 주황색으로 떡도 만들었다. 원추리꽃에는 안토시아닌과 각종 비타민이 풍부하다고 했다. 보기만 하는 꽃을 먹을 수 있는, 색다른 사찰 음식으로 재탄생시키는 또 다른 수행자의 모습이었다.

아이가 자라자, 부모님이 연로해지셨다. 틈틈이 부모님을 보살펴야 했다. 기꺼이 튀김이 되고 떡도 되었지만 일은 줄어들지 않았다. 지금까지 종종걸음치며 살아왔다. 흔히 말하듯 북과 장구를 치며 최선을 다했다. 그러면서도 어느 것도 다 못할지도 모른다는 불안감이 올라왔다. 빽빽한 일상이 밀림처럼 나를 옥죄었다. 무너질 듯 피로한 나날 틈으로 여름 장마까지 스며들었다.

뜻대로 되지 않아 근심에서 벗어나고 싶은 날들이었다. 유독 꼬리가 긴 장마가 물러갈 즈음 나는 편안히 쉴 수 있는 까슬한 공간 한 뼘이 사무치게 그리웠다. 여름내 덮었던 눅진한 이불을 세탁기에 던져 넣고, 산사를 찾았다. 그런 나를 각시원추리꽃이 애잔하게 깊은 눈길로 바라본다.

문득 휴대 전화기에서 들려오는 카톡 소리가 불협화음이 되어 고요를 깬다. 황급히 카톡을 연다. 지인이 능소화 사진을 보냈다. 사진 속 능소화는 푸르른 덩굴 곳곳에 공기뿌리가 나와 있다. 무엇이든 휘감으려는 의지가 엿보인다. 담장의 거칠거칠한 면을 더듬으며 가차 없이 팔을 밖으로 뻗는다. 마침내 담장을 넘어 화려한 욕망의 꽃을 피운다. 더 높은 곳을 향한 거침없는 열정이다. 같은 등황색 여름꽃이지만 참 많이 다르다.

경내에 울려 퍼지는 독경을 듣기 위함일까. 목을 길게 뻗어 대웅전을 향해 고개를 내민 각시원추리꽃이 한들한들 독경 소리에 흔들린다. 담 아래 피어난 또 다른 수도자 같다. 여성으로 살아야 하는 고단한 삶을 사찰 아래 접어두고 구도자의 길을 걷는지도 모를 일이다.

때마침 가냘픈 몸매의 스님 한 분이 사찰 마당을 가로지른다. 자박자박 걷는 발걸음이 가볍다. 마치 무용수의 동작처럼 우아하다. 창이 넓은 회색 모자가 얼굴을 반 정도 가린다. 뽀얀 피부의 비구니 스님은 어디에도 걸림이 없어 보인다. 그 뒤를 따른다. 해가 조금 기울고, 각시원추리꽃의 그림자가 한 뼘 길어진다.

바위 얼굴

　무풍한송길로 끝자락이다. 길가의 바위 하나가 발걸음을 멈춰 세웠다. 사람의 옆얼굴 같은 형상에 햇살 한 줄기가 걸렸다. 무의식적으로 시선이 머문다. 그 형상을 유심히 들여다본다. 마치 조각한 것처럼 옆선이 뚜렷하다. 왼쪽 옆선의 얼굴에는 한자를 새겨 놓았다. 어딘가 깊은 사색에 잠긴 듯하다.

　바위 얼굴이 숨을 낮춘다. 낙엽 깔린 담요 위에 감긴 눈과 다문 입이 깊은 적막에 들어 보인다. 말을 삼킨 듯 고요 속에서 묵언수행이라도 하는 것 같다. 절집 골짜기에 스며든 빛바랜 부처의 그림자처럼 세월이 겹겹이 내려앉아 검게 물들었다. 더 이상 깎일 것이 없는 바위 모습이 신기해서 자꾸만 몸이 앞쪽으로 쏠린다.

　얼떨결에 디카시 번개 모임에 참석했다. 회원들은 솔 향기 가득한 무풍한송길에서 저마다의 방식으로 사진을 찍느라 분주하다. 작품 사진 한 장이라도 잘 찍기 위해 자연에 몰입하는 순간들이 경이롭게 다가온다. 가끔 집중하는 서로의 모습을 렌즈에 담아본다.

  소나무 사이로 겨울볕이 주섬주섬 떠날 채비를 한다. 맞은편에서 걸어오는 스님의 발걸음은 차분하여 먼지 한 점 일지 않는다. 오후 4시 나무 그늘을 벗어나 햇살 속으로 나오자 지나가는 스님의 눈빛이 깊어 보인다. 그 뒤로 기도를 마친 몇몇 보살의 웃는 입매에 기쁨이 매달려 있다.

  무풍한송길에서 맨발로 걸어 본 적이 있다. 평소에 떠올렸던 황토로 된 부드러운 흙길이 아니었다. 몇 걸음 걷자, 발바닥이 움푹 파이며 작은 돌멩이들이 느껴졌다. 그 순간 돌멩이로 인한 통증이 가슴 깊이 훅 치밀어 올랐다. 수행의 한 과정이라 여겨 이를 악물고 참고 걸었다.

  지난여름, 스포츠센터 회원들과 점심을 먹은 뒤 카페에 들렀다. 비싼 커피와 빵값을 계산하고도 상대방이 던진 한마디가 가슴에 박혔다.

"그 돈에 떨지 마라."

  순간 마음이 뾰족한 돌멩이에 차인 듯 아팠다. 나는 호의로 계산했을 뿐인데 그 말을 듣는 순간 맥박이 빠르게 요동쳤다. 상대방은 아무렇지 않게 농담처럼 던진 말일 수도 있었는데 어쩌면 내가 과민하게 반응한 것일지도 모른다. 하지만 그 한마디는 내 속을 뒤흔들기에 충분했다.

 속으로는 무언가 대꾸하고 싶었다. 그렇지만 같은 사람이 되기 싫어서 입을 꾹 다물었다. 감정이 뒤엉킨 얼굴은 순간 거짓말쟁이가 되었다. 겉으로는 괜찮은 표정을 짓고 있지만 마음속에서 화가 치밀어 올랐다. 누가 옆에서 보면 바위처럼 얼굴이 굳어 보였을 것이다. 돌아오는 길 내내 그 말을 곱씹으며 스스로 물었다.

 "왜 그 말에 상처받았을까? 어쩌면 나 또한 그렇게 살아왔던 건 아닐까."

 아무런 생각 없이 무심한 말로 누군가의 마음을 상처 낼 수 있다는 것을 잊고 살았던 건 아닌지. 무심코 던진 말이 칼날처럼 꽂히지 않도록 말 한마디의 무게를 더 깊이 새겨야겠다고 다짐했던 기억이 떠오른다.

 나이 오십에 쌍꺼풀 수술을 했다. 얼굴에 대한 콤플렉스 때문이었다. 얼굴의 근본 바탕은 태어날 때 결정된다. 내 눈은 와이셔츠 단춧구멍처럼 작았다. 누군가는 눈이 마음의 창이라는데,

창이 작은 집처럼 답답해 보였다. 한편으로 바위 얼굴처럼 표정이 없다는 말을 듣기도 했다. 남들에게는 속눈썹이 눈을 찔러 수술했다고 둘러댔다.

얼굴의 원래 말은 '얼골'이다. 골은 골짜기 즉, 깊은 곳을 뜻한다. 이후 '얼굴'로 바뀐 이 말은 한 사람의 정신세계를 어느 정도 드러낸다고 한다. 사람마다 고유한 특징을 가진 얼굴에는 삶의 흔적이 담겨 있다.

링컨은 이런 말을 남겼다.

"사람은 나이 40이 되면 자기 얼굴에 책임을 져야 한다."

깊이 생각해 볼 만한 이야기다. 진실하게 살려는 사람의 얼굴에는 그 노력이 깃든다. 저마다 매일같이 자기 인생을 조각하며 살아간다.

언제부턴가 세월을 얼굴로 느낀다. 나이가 들수록 미세하게 처지는 근육 때문에 가만히 있어도 굳어간다. 가끔 팩을 꺼내 마사지를 해 보면 얼굴이 조금 펴지는 느낌이 든다. 그날의 기분에 따라 얼굴의 분위기도 달라진다. 기분이 좋을 때는 인상이 부드러워 보인다.

인상 좋은 얼굴을 가지려면 자기 삶을 깊이 있게 뒤돌아보아야 한다. 얼굴은 살아가는 삶의 거울이다. 그 안에는 과거와 현재 다

가을 미래까지 모두 담겨 있다. 눈을 감고 입을 다문 저 바위처럼 묵언수행이라는 화두를 붙잡으며 천천히 발걸음을 옮긴다.

난청

오전 8시, 헬스장이다. 건강을 위해 여럿이 운동을 한다. 운동할 때 어울리는 신나는 댄스곡이 흘러나온다. 음악의 볼륨이 운동의 볼륨도 높이는 것일까. 러닝머신 위에서 걷는 발걸음이 가볍다. 오늘따라 러닝머신에 빈자리를 찾기 힘들다. 바로 내 뒤에 기다리는 사람을 위해 5분만 걷고 내려와야겠다고 생각한다. 창밖에는 긴 장맛비가 지나고 맑은 공기를 머금은 하늘이 파랗다. 매미들이 자신들의 세상을 만난 듯, 점점 목이 쉬도록 울어댄다.

그런데 갑자기 음악이 뚝 끊어진다. 모두 줄이 끊어진 인형처럼 일시 정지 상태가 된다. 음악과 함께 열기도 빠져나갔는지 분위기가 써늘해진다. 순간적으로 뒤돌아본다. 뮤직 박스 앞을 지나가는 예의 그 남자가 보인다. 늘 소리 없이 미꾸라지처럼 음악을 줄이고 지나가는 마른 체형의 남자다. 상의는 흰색 티를 입었다. 창이 있는 검은 모자로 검정색 뿔테 안경을 살짝 가린 모습이다.

이번만이 아니다. 언제부터인가 조금만 볼륨이 높다 싶으면 음악을 꺼버리기 일쑤다. 주위의 의견을 묻는 법이 없다. 헬스장에 나오자마자 자신의 감정대로 음악 소리를 줄여버린다. 음악에 맞춰 운동하던 사람들은 돌연 망연해진다. 서로 눈살을 찌푸리며 마주 보지만 막상 나서는 사람은 없다.

마침 옆자리에서 걷고 있던 이웃 언니와 눈짓을 주고받는다. 언니는 이미 한계에 다다른 눈빛이다. 언니는 이 헬스장의 신입 고객이다. 더 이상 스트레스를 받고 싶지 않다고 눈빛으로 하소연하던 언니가 한마디 건넨다.

"아우야, 볼륨 좀 높여주라."

"네, 언니."

음악의 볼륨을 높였다. 약간의 감정이 실렸는지 평소보다 소리를 크게 올렸다. 그동안 쌓였던 불만이 순간적인 행동으로 나타났나 보다. 헬스장의 사람들은 빠졌던 물이 들어오자 다시 헤엄을 치는 물고기들처럼 음악에 맞춰 움직이기 시작한다. 답답하던 속이 뻥 뚫린다.

그때 한 남자가 고함을 지르며 다가온다. 조금 전에 볼륨을 낮춘 그 사람이다. 음악 소리가 너무 커서 난청 되겠다며 큰소리를 낸다. 흥분한 나머지 말의 앞뒤도 없다. 가만히 보고 있자니 그의 머리에서 스팀이 활활 뿜어져 나오는 것 같다. 도무지 상대가 말할 틈도 주지 않고, 아예 말을 듣지도 않겠다는 태도이다.

난청은 말이나 소리를 듣는 것에 어려움이 있는 것을 말한다. 소리가 잘 들리지 않는 증상, 그 자체를 말하는 것이다. 난청을 일으키는 원인은 여러 가지가 있다. 애초 소리의 수용기관인 귀에 이상이 있어서일 경우도 있고, 듣고자 하는 소리가 다른 소리와 뒤섞여서일 경우도 있다. 자연히 시끄러운 곳에서는 더 알아듣기 힘들어진다.

그 남자와 나는 감정적인 말들을 주고받는다. 마치 무중력 상태에 있는 것처럼 말은 서로에게 가닿지 못하고 소리만 시끄럽다. 주위의 사람들도 끼어들어 한마디씩 던지지만 말의 의미는 사라지고 마치 무성영화에 출연한 사람들처럼 소란스럽기만 할 뿐이다. 문득 우리가 모두 난청 환자가 된 것은 아닌가 싶다.

대학 시절, 집단 상담을 배웠다. 의사소통하려면 상대방이 표현하는 바를 적극적으로 경청해야 한다. 단순히 말을 들어 주는 것 이상으로 내용을 이해하고 몸짓 및 음성이나 표현의 미묘

한 변화를 감지하는 것까지 포함된다. 남의 말을 진정으로 듣지 않는 것, 남의 입장을 고려치 않은 채 내리는 판단, 평가와 같은 것들은 의사소통에 장애가 된다는 것을 경험했다. 의사소통에서는 말하는 것보다 듣는 것이 우선이다.

  들으려면 내가 말하는 것을 멈추어야 한다. 나를 멈추고 상대에게 집중해야 하는데, 우리는 모두 그럴 수가 없다. 왜냐하면 모두 내가 생각하는 것이 옳다고 철석같이 믿고 있기 때문이다. 상대의 말을 듣기 시작하면 내가 물러서는 것이고, 그러다 보면 언젠가는 내가 선 자리가 무너질 것이라는 피해의식 역시 팽배해 있다. 소통보다는 대결을 선택하는 것이 요즘 시대의 풍조 같다.

  뉴스에서는 날마다 이런 대결의 양상들이 보도되고 있다. 양심의 근원이어야 할 일부 종교단체들이, 휴머니즘의 최전선에 서야 할 일부 의사들이, 봉사와 공익에 헌신해야 할 많은 정치인이 각자의 주장만을 피 터지게 외치고 있다. 그들은 도무지 멈출 기미가 없다.

  남자도 멈출 의사가 없어 보인다. 갈수록 목소리가 커지고 가끔 욕설도 튀어나온다. 나는 말이 통하지 않는 그를 피해 헬스장을 빠져나온다. 건물의 맨 위층에 살고 있는 헬스장 주인이 내려와 자초지종을 듣고 있다. 모든 소리는 누군가가 들어 줄 때 가치가 있는 것이다. 과연 주인은 이 소란의 중간에서 현명한 해결점을 찾을 수 있을까. 두 개의 귀로 이쪽저쪽의 말을 공평하게 들을 수 있을까.

이 목욕탕의 회원으로 헬스장을 다닌 지 두 해가 다 되어 간다. 회원권의 유효 날짜가 얼마 남지 않았다. 새로 구매한 집에서 가까운 거리에 최신식 헬스장이 생겼다. 살짝 갈등이 생긴다. 심적으로 불편한 이곳을 떠나고 싶은 마음도 없지 않다. 마침 이유 같지 않은 이유가 생겼다.

요즘 부쩍 자기 말만 하는 사람들이 많다. 자기 말을 듣기만 하란다. 얼마나 하고 싶은 말들이 많은 것일까. 사람을 만나는 것이 부담스러울 정도이다. 자신의 가치관, 성향, 판단을 강요한다. 의견이 다르면 마치 정상이 아니라는 눈으로 바라본다. 그 눈빛에서는 견고하게 쌓아 올린 담이 보인다.

현대인들은 지금 집단 난청에 걸린 것 같다. 이 난청을 치료하는 방법은 공동체 생활에서 남의 말을 듣는 것이다. 또한 자신을 낮추고 두 귀를 쫑긋 세우는 일이다. 나 또한 나의 두 귀가 조금 더 자랄 수 있도록 인내하며 말을 참아볼 일이다. 말은 아무도 들어 주지 않으면 소음이다. 현명한 사람은 말하지 않고 듣는다.

리모델링

 문득 책상 앞에 놓인 거울을 보았다. 몸을 숙여 거울 가까이 얼굴을 갖다 댔다. 어딘가 낯선 얼굴이 어색하게 다가왔다. 피부는 칙칙하고 작은 점과 잡티가 가득했다. 지난 세월의 흔적이 고스란히 묻어났다. 마치 거울 뒤편에서 세월을 뚫고 불쑥 나타난 얼굴 같았다.
 피부에서 소리 없는 저항들이 들려오는 듯했다. 이 점들도 자기 나름 치열한 생존을 뚫고 세포막을 벗기며 자리를 잡았을 것이다. 클렌징크림으로 세안하고, 햇볕을 가리려 모자를 쓰고 다녔다. 그래도 점은 조금씩 숫자를 늘렸다. 어쩌면 겉이 아니라 속에서 점을 만들어 내고 있지 않을까 생각했다. 언제부터인가 점점 눈에 거슬렸다. 화장으로 커버해도 잘 감춰지지 않았다.

점을 뺐다. 의학의 기술을 빌려 레이저로 살을 태웠다. 깜박 감았던 눈을 뜬다. 유난히 짙었던 점은 함몰된 상처로 뿌리가 얼마나 깊었었나를 보여준다. 이마에는 작은 점, 입술 아래에는 중간 점, 턱에는 큰 점이 무당벌레 등처럼 붉은빛으로 물들어 있다. 의사는 노화 현상이라며 아무렇지 않게 말했지만, 그 말이 아직도 귓전에 맴돈다. 시술이 잘되었는지 붉은 점들이 꼬들꼬들 익어 간다. 외출을 자제하라고 해서 3일째 칩거 중이다.

친정엄마의 검버섯이 떠오른다. 검버섯은 팔순이 넘은 엄마의 얼굴에 짙은 그늘을 드리웠다. 고생한 세월이 그대로 묻어났다. 싫다는 엄마를 설득해 병원에 갔다. 가까운 피부과에서 치료할 수 없다며 대학병원을 추천해 주었다. 여러 가지 조직 검사와 함께 세포를 떼어 내고 바늘로 꿰매었다. 멜라닌이라는 검은 물질로 축적된 엄마의 세월이 이번에는 불긋불긋한 상처로 드러났다.

엄마는 햇빛을 두려워하지 않았다. 틈만 있으면 땡볕에도 밭에 나가 일하셨다. 한여름, 하얗게 바랜 고추밭에 서 계시던 엄마의 모습이 눈에 선하다. 게다가 한낮 바닷가 자외선은 얼마나 강렬한가. 물질을 하며 바닷물 젖은 얼굴로 태양을 맞보았다. 그 세월이 훈장처럼 엄마 얼굴에 고스란히 박혔다. 뜨거운 햇볕 아래 살다 가신 엄마의 인생이 서럽도록 아린다.

 이마의 점들을 살핀다. 그렇게 깊지는 않다. 손끝에서 세월의 흔적이 버석거린다. 어릴 때는 피부가 희고 곱다는 말을 많이 들었다. 상처가 나도 곧잘 아물었다. 말 그대로 세월 탓일까. 언제부터인가 작은 잡티가 눈에 띄기 시작했다.

 육아와 직장이라는 두 마리 토끼를 잡으려고 앞만 보고 살았다. 눈물을 삼키는 날도, 떨리는 가슴을 겨우 진정시키는 날도 많았다. 그렇게 안으로 삭여온 세월이 30년이 흘렀다. 그 무수했던 일상의 그늘이 멜라닌 색소가 되었을까. 잡티는 자리를 넓히며 점으로 존재감을 키웠다.

 얼굴 피부의 안과 밖은 다르다. 바깥은 전쟁터이다. 미세먼지와 자외선 가득한 햇살과 싸워야 한다. 찬 바람도 건조한 실내 공기도 피부에는 해롭다. 안에서는 영양과 수분으로 응원하지만, 곧잘 한계에 부딪힌다. 생존이라는 벽은 처절하도록 높다. 속에서 실망과 포기가 싹트는 순간, 점은 출현한다. 내면에 쌓여온 스트레스의 승리다.

 입술 아래 중간 점이다. 스트레스가 뿌리를 깊이 내린 모양이다. 파낸 흔적이 별처럼 총총하다. 내 삶의 일대기가 고요하게 흘러가는 것 같다. 오른쪽 턱에 덩그러니 붙어 있는 큰 점 자국을 더듬는다. 자잘한 나의 실수가 모여 크게 자리를 잡은 듯하다. 고민이 큰 만큼 넓어졌던 자리가 이제는 희미하다.

큰 점 위에 손가락을 갖다 댄다. 따뜻한 진액이 흘러나온다. 함몰된 상처 위로 다시 새로운 살이 차오를 수 있다는 것을 믿는다. 살살 달래며 딱지가 저절로 떨어지기만 기다린다. 양손을 나비 모양으로 교차하여 나를 안아 본다. 스스로 위로하며 살아야 하는 것을 알기에 토닥토닥 가슴을 두드린다.

비교적 긍정적인 삶을 살았다. 그래도 세월은 흘러갔다. 무엇이 억울한지 세월 따라 흐르지 못한 것들이 얼굴 여기저기 박혀 있었다. 요즘 피부 의술도 좋아졌다니 용기를 냈다. 점들을 걷어내면서 마음에 고여 있는 크고 작은 감정 스트레스를 털어 버린다. 리모델링은 잘된 것 같다. 아직 딱지도 떨어지지 않았는데 자꾸 웃음이 난다.

세컨드 하우스

집을 둘러싼 소나무가 연신 흔들린다. 두 팔 벌려 집을 감싸고 있다. 집 아래 레드 카펫을 깔아 놓은 작은 텃밭이 보인다. 지난 밤 추위에 시금치가 꽁꽁 얼어 버렸다. 옆 고랑의 배추는 휴지에 물이 스미듯 얼었다 녹았다 반복한다. 친구들에게 먹이고 싶다던 주인장은 아쉬워한다. 하얀색의 철문으로 만든 정문을 열고 들어선다. 마치 동화책 속의 산속으로 들어가는 것 같다. 입구에 놓인 돌계단 위로 올라설 때마다 주인을 닮은 노란 국화꽃이 배시시 웃는다.

오후를 넘어가는 시간에 도착했다. 거실 가득 햇살이 머무른다. 붉은색으로 장식된 화덕 난로에 불을 지핀다. 오늘 하루 쉬었다 갈 공간이다. 사회적 역할에서 벗어나 가만가만 속내를 털어 내고 싶을 만큼 조용한 곳이다. 친구들 앞에서 걸러진 언어들만 발설하고 싶지 않다. 그래서일까. 나도 모르게 비문이 입에서 톡톡톡 솔방울 떨어지듯 튀어나온다.

친구는 주말에 와서 쉬었다 간다고 한다. 제2의 집이 주는 쉼표에 푹 빠진듯하다. 전원주택을 현대식으로 리모델링했다. 우리는 짐을 거실에 내려놓고 집 안을 구경하느라 정신이 없다. 이층 나무 계단으로 올라서며 상류층에서만 즐길 수 있는 집이라는 생각이 들었다. 뒤따라 올라오던 친구가 나의 마음을 읽었는지 최근에는 시골집의 공급이 늘어나는 추세라 한다. 세컨드 하우스를 찾는 사람들이 많아졌다며 말을 매우 능란하게 뱉어낸다.

처음부터 글을 쓰기 위해 시작했던 것은 아니었다. 문학치료사로 활동하며 글쓰기에 대해 궁금해지기 시작했었다. 제2의 집을 짓기 위해 밤의 끝을 잡으며 고민한 적이 많았다. 문장이 앞으로 나아가지 않을 때 이 길은 나의 길이 아닐지도 모른다는 생각부터 들었다. 언제부터인가 말줄임표가 자주 따라다녔다. 그렇게 새로운 집을 짓는 기초 과정은 쉽지 않았다.

포기하고 싶은 마음은 없었다. 용기를 내어 거침없이 나의 이야기를 쓰기 시작했다. 비문은 점점 무겁게 어깨를 짓눌렀다. 누군가 처음 쓰는 나의 글을 보며 '이거는 글도 아니다'라며 던지는 말이 비수처럼 가슴에 박혔다. 괜히 시작했다는 후회 앞에 그만둬야 한다는 마음은 변함이 없었다. 또 다른 마음은 처음부터 잘 쓰는 사람이 어디에 있을까. 자꾸만 나에게 합리화시켰다. 시작이 있으면 끝도 있으리라.

도전은 시작되었다. 글쓰기의 기본을 따라 차근차근 길을 걸었다. 무엇보다 읽는 공부가 필요했다. 바쁘다는 핑계로 읽기를 게을리한 결과는 당연한 것이 아니던가. 정신을 차리고 싶었다. 많이 읽어야 한다는 이론을 알고 있지만 실천하는 것이 더 힘들었다. 책을 읽고 또 읽기를 반복하며 조금씩 나아갔다. 독자가 쉽게 읽고 무슨 말을 하는지를 알기 위해서는 많이 읽어야 한다는 것을. 편안하게 읽을 수 있는 나만의 습관을 찾기 시작했다. 동기부여가 되는 독서는 마음을 다스릴 수 있는 내공의 힘을 길러 주었다.

읽었으니 다음 단계는 쓰기이다. 읽기를 바탕으로 한 쓰기 연습은 짧은 시간에 주어지는 것은 아니었다. 늘 시간적 여유가 없으니, 나의 글이 어떠하겠는가. 안 봐도 뻔한 일이다. 무엇을 어떻게 쓸 것인가가 먼저였다. 가장 쉽게 찾는 방법이 일상에서 일어나는 사소한 삶이었다. 평범한 일상들이 생명을 찾아 숨을 쉬었다. 닥치는 대로 써 내려갔다. 한참을 지나 보니 나라는 인간이 뻥 뚫린 구멍처럼 보이기 시작했었다.

　마지막 단계는 퇴고의 과정이다. 여러 번을 읽고, 몇 번의 수정을 걸쳐 교정을 보고 또 보고 한다는 것을 알게 되었다. 무엇보다 나의 감정을 정확히 알아야 했었다. 학창 시절 벼락공부 하는 학생처럼 두서없이 글쓰기를 했으니. 아직도 가야 할 길은 멀게만 느껴진다. 나의 글쓰기 그래프는 솟아오르는 물가를 닮아가려 한다. 이제 다시 시작이다. 많은 생각은 더 좋은 글이 되어 다시 태어난다는 것을.

　도시의 삶과 시골 생활을 함께 즐길 수 있다는 매력이 있다. 세컨드 하우스를 보유하고 있다면 주말이나 휴가철에 걱정이 없다. 맑은 공기와 자연이 함께하는 여가 생활을 즐길 수 있다는 것이 좋은 점이다. 자기 집이기 때문에 언제든지 자유로운 시간을 보낼 수 있고 비용면에서도 절감이 된다. 오늘처럼 친구들이 모여 함께 보낼 수 있으니 느낌표라는 문장부호가 거실을 날아다닌다.

　푸우우, 두 집 살림살이에 할 일이 두 배가 된다는 친구의 날숨소리. 시골 주택은 벌레와 곰팡이처럼 신경 써야 할 부분이 많아서 관리가 필요한 상황이란다. 그렇다고 너무 오래 집을 비워 둘 수도 없으니 말이다. 두 집을 관리하느라 힘들다는 소리는 나에게 행복하다는 말로 들린다.

  타닥타닥 붉은 불꽃이 활활 타오른다. 친구는 자연스럽게 흰 면장갑을 끼고 장작 나무를 난로 속에 넣는다. 누가 먼저 없이 의자를 당겨 난로 앞에 앉는다. 따스한 열기가 가만히 바라만 봐도 편안하다. 말없이 불멍 속으로 친구들의 얼굴이 타들어 간다.

자리

　수증기가 가득하다. 이른 새벽 목욕탕 안에는 몇몇 사람만이 뽀얀 수증기 속에서 나신의 조각상들인 양 앉아 있다. 구석진 자리에 앉기 위해 수도꼭지 밑에 목욕 소쿠리를 내려놓는다. 거울 너머 보이는 칸에는 주인 없는 소쿠리들이 자리를 잡고 앉아 있다. 분홍색 소쿠리, 네모난 모양의 가방, 그물이 얽혀 있는 주머니, 투명한 목욕 가방이 네 명이 앉을 수 있는 한 줄을 모두 차지하고 있다. 각각 목욕용품이 담긴 이 통들에는 샤워기까지 담겨있다. 사람은 없는데 통들만이 자리를 차지한 채 주인을 기다리고 있다.
　목욕하고 출근한다. 대부분의 날 중에서 새벽에 목욕탕을 이용할 때가 많다. 어떤 날은 시간적 여유가 없어서 샤워만 하고 간다. 바쁜 일상이기 때문에 목욕탕의 새벽반 사람들에 대해 속속들이 알지는 못한다. 소위 목욕탕마다 있다는 목욕탕 문화에 대해서는 좀 알고 있다. 특히, 일찍 오는 사람이 친한 사람들의 자리를 잡아주는 문화는 나도 경험한 바가 있다. 일단 소쿠리가 그 자리에 놓아지면 소쿠리의 주인이 헬스장에서 운동할 때도, 탈의실에서 수다를 떨 때도 그 자리에는 아무도 앉지 못하는 것이 불문율이다. 나는 샤워기를 틀어 거울에 서린 안개 같은 수증기를 씻어내 본다.

몇 달 전의 일이다. 그날도 새벽에 목욕탕을 와서 빈자리에 분홍색 네모 모양의 목욕 소쿠리를 놓았다. 마침 뒤쪽에 앉아 있던 60대 초반의 키가 작고 마른 체형의 여인이 한마디를 툭 던졌다.

"그 자리는 동화 구연하시는 어머니 자리니까 앉지 마세요."
"아, 네."

순간적으로 뭐라고 말하고 싶었지만 말이 나오지 않았다. 가끔 목욕탕에서 만나는 안면이 있는 사람이었다. 나보다 나이도 많았다. 울컥하는 마음을 가라앉히며 한 번 더 심호흡했다. 아침부터 싸우고 싶지 않았다. 참고는 있었지만 마음은 불편했다. 다른 사람들보다 일찍 와서 앉고 싶은 자리에 앉는 것은 당연한 권리이다. 목욕을 다 마칠 때까지 그 자리의 주인이라는 동화를 읽어주는 어머니는 오지 않았다. 아마 달 목욕을 끊어 매일 목욕을 하시는 분은 아닌가 보았다.

그 뒤 어느 날 아침이었다. 헬스장에서 운동하고 평소보다 늦은 시간에 목욕탕에 들어갔다. 마치 한바탕 전쟁이 쓸고 간 것처럼 분위기가 싸했다. 먼저 와서 목욕하던 친한 친구가 내 어깨를 툭 쳤다. 무슨 할 말이 있는 듯했다. 그녀는 나를 건식 사우나실로 끌고 가더니 미처 앉기도 전에 흥분된 표정으로 먼저 말을 꺼냈다. 평소 목욕탕 안에 죽치고 앉아 처음 목욕 오는 사람들을 머리끝에서 발끝까지 훑어보는 여인에 관한 이야기였다. 오지도 않는 사람의 자리를 잡아두는 바로 그 여인이다.

그날은 이웃에 있는 다른 목욕탕이 한 달에 한 번 쉬는 날이었다. 그래서였던지 낯선 네 명의 여자들이 새벽 일찍 목욕을 왔단다. 목욕탕 문을 열고 들어서자마자 그녀들은 비어 있는 자리에 나란히 자리를 잡고 앉았다. 그런데 늘 미리 자리를 잡아두는 그 여인이 쌀쌀맞게 한마디를 했다고 했다. 지금 당신들이 앉아 있는 자리는 임자 있는 자리니까 앉지 말라고 말이다.

그 소리를 듣고 고분고분하게 있을 사람이 누가 있을까, 일행 중 한 명이 세차게 항의했던 모양이었다. 발로 바가지를 차 버리며 자리를 떠나는 여인을 향해 패싸움이 일어났다. 그녀는 한참 말다툼을 하고는 돌아서더니 이번에는 자신과 친한 사람들 곁으로 가서 화를 냈다고 했다. 물마사지 탕에 있는 회원들이 자신의 편을 들어 주지 않았다는 이유였다. 낯선 여자들이 목욕을 마치고 돌아갔어도 목욕탕에 싸늘한 한기가 감돌았던 이유이기도 했다.

 사람의 속은 모른다지만 겉으로 훤히 드러나는 마음도 있다. 특히 이기적인 행동은 옆에서 봐도 유독 표가 나기 마련이다. 그녀는 평소에 자신의 돈으로 먹을 것을 사서 나눠주는 법이 없었다. 옆에 있는 순진한 사람들 마음을 불편하게 하면서까지 박카스 한 통을 사도록 강요했다. 또한, 자신과 친한 사람들에게만 나누어주도록 하기도 했다. 물론 생색은 본인의 것이다. 먹을 것을 가지고 내 편과 네 편이라는 자리를 나누는 그녀였다.

 그동안 그녀의 행동이 불쾌하기도 하고 부당하다는 생각을 한 사람은 더러 있겠지만 막상 이의를 제기하는 사람은 없었다. 서로 얼굴을 붉히고 싶지 않은 까닭이었을 것이다. 나 또한 그랬으니 말이다. 대수롭지 않은 작은 일이라고 굳이 불편해지는 마음을 다독이면서 짐짓 외면을 해왔다. 그러던 것이 그날의 사건으로 터진 것이랄까. 그 이야기를 듣고 나니 한편으로는 속이 시원한 감도 없지 않았다.

그녀가 없는 자리에서 사람들은 내 일도 아닌데 무엇 때문에 편을 드느냐, 왜 자리를 잡는지 이유를 모르겠다, 이럴 때는 아무런 말 없이 조용하게 있는 것이 정답이라 하며 끼리끼리 모여 속닥속닥 말이 많았다. 어쩌면 이 일로 불편한 목욕탕 문화가 좀 나아지려나 하는 기대가 슬며시 일었었다. 그러나 그런 기대도 잠시, 며칠 되지 않아 새벽의 목욕탕은 다시 그 여인의 장악력 아래 놓이고 말았다.

한국 사회를 정이 많은 사회라고도 한다. 목욕탕도 작은 사회이니 친한 사람의 자리를 미리 잡아주는 것도 정 때문일 것이다. 정으로 시작된 일이 집단적인 이기심을 만들고, 태연하게 남의 권리를 빼앗고도 그것을 알아차리지 못하게 되는 상태에 이르기도 한다. 사적인 정을 공적으로도 합리화하는 것이다.

요즘 친하다고 한자리를 내어 주고, 고맙다고 다른 자리로 보답한 공직자들의 씁쓸한 뉴스가 국민들의 마음을 불편하게 한다. 크고 작은 일이 따로 있는 것은 아니다. 작은 것에서 지켜지지 않은 공정은 큰 사회에서는 더욱 지켜지지 않는다. 내가 속한 집단의 이익만 생각하고 다른 사람의 불이익을 생각하지 않는 그 작은 틈에서 불공정이라는 곰팡이가 서식한다.

샤워기를 들고 한 번 더 거울에 물을 뿌린다. 뿌옇던 거울이 맑아진다. 맑아진 거울에 저마다의 때를 열심히 씻어내는 사람들이 보인다. 작은 동네 목욕탕이지만 함께하는 가치를 만들어가는 좋은 목욕탕이 되었으면 좋겠다.

10분의 자유

한여름 더위를 기계가 삼킨다. 철커덕철커덕 톱니바퀴 맞물리는 소리가 공간에 가득하다. 기계는 오늘도 쉬지 않고 착착 마스크를 토해낸다. 여러 공정을 거쳐 만드는 생산품이지만 볼수록 신기하다. 완전 자동 시스템이다.

오른쪽 벽면을 따라 작업대가 놓여 있다. 작업대 위에 갓 태어난 마스크는 금방 목욕하고 나온 듯이 뽀송뽀송하다. 마스크 앞에 앉는다. 얇은 고무로 만든 투명 장갑을 낀다. 양손을 움직인다. 오른쪽 엄지는 마스크를 잡고 왼쪽 엄지는 파우치를 열어준다. 그 안에 마스크를 한 장씩 넣는다. 단순 반복 작업이지만, 자동기계가 하지 못하는 유일한 공정이다.

벽면 귀퉁이에서 윙윙 소리가 들린다. 시원한 에어컨 바람은 나의 자리까지 걸어오느라 힘이 드나 보다. 머릿밑에서 나는 땀이 볼을 타고 흘렀다. 고개 숙인 목은 뻐근한 통증을 와이파이처럼 접속한다. 어깨는 점점 무거운 돌덩이를 올려놓은 것처럼 묵직해진다. 빠르게 움직여야 하는 손목은 바늘로 콕콕 찌르는 듯이 욱신욱신 쑤신다. 오랜 시간 의자에 앉아 있으니 허리는 뜨끔뜨끔 신호를 보내고 있다.

지인이 운영하는 마스크 회사다. 며칠만 아르바이트할 생각이었다. 벌써 일주일이 지나간다. 마스크는 생각보다 다양한 모양과 크기, 색상을 가지고 있다. 비닐로 된 얇은 파우치는 여러 겹이 붙는 단점이 있다. 왼손의 엄지손가락에 힘이 두 배로 들어간다.

어느새 장갑 안에는 물기가 스민다. 손에서 난 땀이 증발하지 못하는 탓이다. 손가락 끝이 미끄럽다. 그럴 때마다 마스크는 파우치의 입구를 지나친다. 한 치의 어긋남도 없이 기계처럼 포장하는 옆의 직원을 자꾸만 힐끗거린다. 괜한 눈치가 보이고 마음도 불안해진다.

그래도 무엇이든 반복하면 느는 법이다. 이제야 조금씩 익숙해진다. 이래 봬도 30년 직장인 경력을 가진 사람이다. 전혀 다른 일이었기는 하지만. 흐지부지 일하는 사람으로 비치기 싫다.

무슨 일이든 남만큼은 하고 싶다. 열심히 해야 한다는 마음을 손끝에 모은다.

그러나 생각만큼 쉬운 일은 아니다. 몸은 일의 효율성을 극대화하는 자세로 고정된다. 마치 핀이 꽂힌 곤충 같다. 일의 속도를 유지하려다 보니 말을 하는 사람이 없다. 불필요한 말은 사치다. 긴장감이 나의 심장을 압박해 온다. 쉬지 않고 작동하는 기계처럼 손은 꼼꼼하게 반복적으로 움직인다. 다른 생각을 하다 보면 실수가 나온다. 그러니 생각도 제한된다. 이 공간 안에 나의 몸만이 아니라 정신도 갇혀서 매여 있다. 자유를 온통 빼앗겨 버린 것 같다.

아등바등 눈에 힘이 들어간다. 일의 과정은 일정하게 정해진 원칙이 있다. 개인의 성향을 고려하지 않는다. 관리자는 무조건 원칙을 강요한다. 어쩔 수 없이 심리 상태가 갑과 을의 위치에 놓인다. 사고의 자유가 박탈된다. 대가를 받기 위해 일정한 시간 동안 생각 없이 몸과 머리를 쓰는 처지에 놓였다는 생각이 든다.

갑자기 용기가 생긴다. 나를 가르쳐 주는 사수에게 말을 툭 건네 본다.

"이제부터 나만의 방식으로 해볼게요."

"그런 게 어디 있어요. 회사 방침대로 해야지."

무거운 침묵이 그와 나 사이에 가로놓인다. 사수의 눈이 지켜보고 있다. 이렇게 할까 저렇게 할까 갈등이 생긴다. 그런 나를 토닥토닥 다독인다.

지금부터 내 방식으로 일을 해보기로 한다. 처음에는 서툴던 것이 빠르게 익숙해진다. 점점 가속도가 붙는다. 신속 정확하게 일의 능률이 오른다. 오래된 직원들의 속도까지 따라간다.

자신감이 생긴다. 다른 사람이 제시하는 길로 억지로 끌려가는 것보다 스스로 찾은 길로 가는 것이 훨씬 능률적이다. 비록 처음에는 좀 헤매지만 말이다. 작은 성취감이 밀려온다. 자유의 힘이다. 나 또한 타인의 자유를 침범하지 않아야 한다. 각자의 개성을 다양하게 꽃피울 수 있도록 자유는 필요하다. 각자의 사고가 행동을 개선하는 진정한 길잡이가 된다.

아침마다 자유를 내놓고 출근한다. 지금까지 얼마나 많은 자유를 누리며 살았는지, 자유가 없어지니 그 소중함이 두 배로 다가온다. 맹목적으로 일을 지시하는 현장에서 민주주의는 감히 바랄 수도 없음이다. 진정한 의미의 자유는 멀게만 느껴진다.

두 시간째 작업하는 중이다. 허덕허덕 힘겹게 하던 일을 이제는 그럭저럭 해낸다. 다들 뚝딱 일만 한다. 물도 마시지 않는다. 기계보다 사람의 손이 더 빠르게 느껴진다. 정신없이 일하고 있는데 기계 소리를 뚫고 카리스마 있는 반장의 목소리가 들린다.
"휴식 시간."
일제히 기계처럼 하던 일을 놓으며 자리를 뜬다. 단 10분의 자유를 찾아서.

제4부

바람을 부르다

 완만한 산길이다. 가만히 귀를 기울인다. 계곡을 따라 흐르는 물소리, 바람 소리, 새들의 웃음소리를 듣는다. 푸른 나뭇가지 위에 매미들이 짝을 찾는지 요란하다. 습한 숲길을 비행하는 모기들이 땀 냄새를 찾아 윙윙거린다. 벌레 퇴치법으로 길섶에 있는 산초나무 잎을 따서 귀 뒤에 꽂는다.

 배내천 도보 여행길이다. 태봉마을에서 고봉마을까지의 코스다. 바람이 은은한 향기를 몰고 온다. 녹진한 길 위로 하얀 때죽나무 꽃잎이 퍼질러져 있다. 잎겨드랑이에서 돋아난 꽃잎이 아래로 피어 환한 미소를 띤다. 때죽나무꽃의 향기에 그만 마음을 빼앗겨 버린다. 앞서가는 사람 발아래로 살며시 꽃잎이 스친다. 그 꽃길 위로 바람이 내려앉는다.

배내는 야생 배나무가 많아서 붙여진 이름이다. 배즙처럼 물맛이 달다. 숲속 바람이 전하는 말을 들으면서 느릿느릿 걷는다. 간밤에 내린 장맛비로 작은 폭포처럼 계곡물이 흐른다. 계곡을 끼고 산길을 걷다 보면 흐르는 물소리만 들어도 속이 뻥 뚫린다. 계곡 아래 풍호대교가 있다. 이 근처를 다녔어도 지나치기만 했다. 풍호대교 아래 아치형 구멍 다리를 찾아가는 길이다. 간간이 불어오는 바람과 몸을 섞는다.

오래전, 태풍은 우리 마을에 닿았다. 마을 앞 파도는 수평선에서 불어오는 거센 바람을 타고 밤부터 울부짖었다. 새벽 동이 트자마자 엄마는 우리를 마을 회관으로 대피시켰다. 알라딘에서 나오는 지니처럼 큰바람이 나타나도 엄마는 다시 집으로 갔었다. 바람의 상상력으로 집은 위태롭기 그지없었다. 점점 마을을 향해 불어오는 태풍은 닥치는 대로 사물을 먹어 치워 버렸다. 밤은 두렵고 불안하기만 했었다. 마음은 점점 집으로 돌아간 엄마 걱정뿐이었다. 태풍의 눈 한가운데는 죽음의 숱한 소문들이 소용돌이치며 무섭게 날아다녔다. 태풍 속에 귀를 푹 넣어 조용해지기만을 기다렸다.

하룻밤이 지나 잠잠해지자, 집으로 갔었다. 평상은 부서져서 마당 구석으로 날아가고, 집 담벼락에는 플라스틱 종류가 어디서 왔는지 자리를 잡고 있었다. 엄마는 정신없이 집을 지키느라 기진맥진한 상태였다. 바람의 위력을 실감했었다. 살다 보면 예기치 않은 태풍의 눈 속에 있을 때가 있었다. 그때마다 참고 기다리는 인내가 필요했었다. 살면서 앞이 캄캄할 때가 있었으리라. 막막한 삶의 벼랑 끝에서 바람과 맞서며 견뎌야 했던 지난날이 왜 없었을까. 녹녹하지 않은 세월. 옛사람들의 삶이 전설 속에 갇혀 허공으로 날려 보내는 바람을 만난다.

 태양은 정수리 위로 지나간다. 날씬하게 위로 뻗은 두 나무가 보인다. 뻗은 손이 맞닿은 대팻집나무 연리지다. 하나도 아닌 것이 둘도 아니다. 뿌리는 둘인데 가지가 서로 손을 맞잡고 있다. 남녀 사이 혹은 부부애가 돈독하다는 팻말에 시선이 머문다. 감탕나무 속에서 유일하게 겨울에 잎이 떨어지는 나무라고 한다. 연인들은 바람을 부르는 이곳이 좋아 바람이 났나 보다. 바람을 맞으며 걷고 또 걷는다.

 조븟조븟한 산길을 걷다 보니 풍호대교가 내려다보이는 전망대에 도착했다. 아치형의 구멍 다리는 그 옛날 전설을 품고 자리를 지키고 있다. 언제부터인가 다리의 구멍을 막으면 벙어리나, 귀머거리 아이가 태어난다는 이야기는 바람을 타고 이어지고 있다. 또한 다리 구멍이 뚫린 채 두면 동네 여자가 바람이 난다는 말도 전해져 온다. 참 어려운 문제다. 그래도 예나 지금이나 자식보다 더 소중한 것은 없는가 보다. 저렇듯 구멍이 그냥 뚫려 있으니 말이다. 옛날 선비들이 한가하게 바람을 쐬었던 풍호대에 서서 나도 바람을 불러본다.

바람의 신은 동서양에도 있다. 인간의 생활 속에서 때로는 신 같은 역할을 한다. 바람의 위력 앞에서 인간은 몸을 낮추고 기다리는 수밖에 없었다. 그리스 신화 속에도 바람의 신이 있다. 아네모이족은 바람을 통제하는 신들이다. 그들의 유산은 기상학과 항해에 사용되는 바람의 이름으로 살아 있다. 에우로스는 불행한 동풍을 상징하고, 제퓌로스는 봄의 부드러운 서풍이다. 노토스는 여름의 남풍과 비를 담당한다. 보레아스는 겨울의 매서운 북풍을 상징한다. 갑자기 바람 한 줄기 불어와 머리카락을 풀어헤쳐 놓는다. 지금 구멍 다리에서 불어오는 바람은 남풍이다.

풍호대에서 불어오는 바람에 이런저런 세월이 실려 간다. 수많은 좌절을 겪으면서도 포기하지 않은 힘은 어디에서 오는 것일까. 삶의 가지마다 바람이 일어난다. 그 바람을 견뎌내기는 쉽지 않지만, 때로는 살아가는 활력소가 되기도 한다. 다만 너무 큰 욕망의 태풍에 휘둘리지 않은 삶이고 싶다. 스스로 자신의 생에서 일어나는 바람을 적절히 조절할 수 있기를 바랄 뿐이다.

일상에서 잠깐 비켜난 이 시간. 숨을 깊이 들이쉬고 지나는 바람을 마신다. 잠시 삶의 긴장감을 내려놓을 수 있는 지금이 참 좋다. 구멍 다리에서 희망의 바람이 불어온다. 어깨를 스치고 달아나며 나를 향해 미소 짓는다. 가벼워진 가슴으로 발걸음을 돌린다.

가을의 여백

 우리 동네 회야강 둘레길을 걷는다. 강을 따라 상큼한 향수라도 뿌려 놓았는지 코끝이 산뜻하다. 지류 하천으로 접어든다. 청둥오리 한 쌍이 찬 바람에 몸을 움츠린다. 바람에 일렁이는 물결이 아파트 건물 사이로 삐져나온 햇살에 춤을 춘다. 언제 피었는지 연보라색 나팔꽃이 활짝 웃는다. 갈대는 이리저리 머리를 손질하느라 분주하다. 마치 막 세수한 모습이다. 아침 단장을 한 회야강이 가을을 향해 자연의 시간 속으로 출발한다.

 한동안 이 하천도 몸살을 했다. 사람들의 무관심 속에서 망가질 대로 망가졌었다. 부산과 울산이라는 두 대도시 사이에 있다 보니 언제부터인가 사람들이 모여들었다. 천성산 아래 조용한 읍이던 이곳이 네 동으로 분동이 될 만큼 도시화되었다. 하루가 다르게 발전도 했지만, 오염도 뒤따랐다. 알게 모르게 쓰레기와 오폐수가 하천으로 흘러들었다. 악취가 나고 해마다 찾아오던 철새들도 사라졌다.

그나마 다행스러운 것은 죽어가던 하천이 주민들을 위한 새로운 공간으로 다시 태어났다는 것이다. 누군가 이 위기 상황을 감지하였던 모양이다. 하천으로 연결되는 실개천들을 정비하고 바닥을 파냈다. 그리고 양쪽으로 둘레길을 만들고 가로등도 달았다. 그 아래 매달려 있는 스피커에서 노래가 들리고, 사람들의 살아가는 이야기도 소소하게 이어진다. 덕분에 이 순간 하천도, 둘레길을 걷는 사람들도 자연의 일부가 되어 그 속에서 살아가고 있다.

고개를 들어 위를 쳐다본다. 파란 하늘이 더욱 높아 보인다. 그 하늘을 배경으로 가을이 다가오는 공간에 내가 들어있다. 수십 년 다니던 직장을 떠나온 후 처음 맞는 가을이다. 처음에는 내게 주어진 여유로운 시간이 선물을 받은 것처럼 좋았다. 평소 가고 싶었던 곳을 돌아다니며 그 시간을 나에게 주기로 했다. 자주 보고 싶었던 친구들을 만나 그들에게도 나의 시간을 선물했다. 그런데 그런 시간 사이로 가을 낙엽처럼 허전함이 내려앉았다. 뭔가 원래 속했던 것으로부터 분리된 느낌이랄까. 나는 가끔 알 수 없는 허전함에 어찌할 줄 모르고 서성거리곤 했다.

아침에 눈을 뜨면 오전 6시, 늘 그 시간이었다. 일찍 일어나 씻을 일이 없으니 좀 더 침대에 머물러도 좋았다. 하지만 한번 뜬 눈은 다시 잠들지 않았다. 괜히 부엌과 거실을 오가는 날 보며 남편은 무심하게 "왜 이렇게 일찍 일어났어?" 하며 욕실로 들어갔다.

예전보다 분주하게 남편 수발을 들고 현관까지 따라나섰다. 남편이 나가고 문이 닫히기 전에 나도 모르게 발이 움찔거렸다. 이제 나는 출근할 일이 없는데 하는 자각이 뒤늦게 머리를 때렸다. 눈앞에서 문이 닫혔다. 하릴없이 가슴이 '쿵' 하고 내려앉았다.

그럴 때마다 나는 걸었다. 주로 산행에 나섰다. 숲길을 지나며 발자국 소리에 귀 기울이고, 골짜기를 오르며 숨소리를 들었다. 어떤 날은 땀에 흠뻑 젖기도 했다. 그러고 나면 마음이 좀 가벼워졌다. 그때 내게서 빠져나간 것은 무엇이었을까. 뭔가 미진했던 과거의 아쉬움과 알 수 없는 미래의 불안이었을 것이다.

발걸음이 빨라지고 숨소리가 거칠어지는 그 시간만큼은 모든 걸 잊었다. 그러나 산그림자를 등에 지고 집으로 돌아오면 이내 다시 허전함이 찾아오곤 했다. 마치 다이어트의 요요 현상 같았다. 급하게 해결될 문제가 아닌가 싶기도 했다.

하천을 끼고 둥글둥글 이어지는 둘레길에 들어서면 마음이 차분해진다. 마치 오랜 시간 렌즈를 열어놓는 카메라 사진 속에 들어 있는 것 같은 착각이 든다. 구름도 나무도 회야강에 발을 담근다. 자신들의 공간으로 쑥 들어온 나에게 스스럼없이 손을 내민다. 할 말이 없어 그냥 웃어 버린다. 모든 것을 품어주는 넉넉한 자연 덕이다. 말없이 그냥 걷는 것만으로도 무언가가 차오른다. 혼자 걷지만, 혼자만은 아닌 것 같은 느낌이다.

버드나무 가지들이 늘어질 대로 늘어져서 가벼운 바람에도 크게 흔들린다. 그 옆에 자리 잡은 은행나무에 열매들이 알알이 달려 있다. 찬찬히 보니 열매들은 이미 노란빛이다. 가을은 정녕 가까이 다가온 모양이다. 나의 그림자마저도 가을을 흡수해 버린 것처럼 살짝 흐려진다.

나는 가을이 주는 이 여백을 사랑한다. 한 단계 낮은 채도로 색칠되는 풍경들, 점점 헐렁해지는 나뭇가지들, 자꾸만 높아지는 하늘, 이제는 밖을 보지 말고 안을 보라고 재촉하는 찬 바람들을 사랑한다. 그들이 주는 여백이 나를 조금은 단단하게 한다. 지금 허전함은 외로움이 아닌 자유라고 조용히 말해준다.

살아가는 데 정답은 없다. 자신의 자리에서 최선을 다한 삶이라면 후회는 없지 않을까. 뜨거운 여름을 온 힘을 다해 지내 온 나뭇잎일수록 단풍이 붉고, 낙엽이 되어서도 감탄을 자아내게 한다. 최선을 다했기에 미련이 없고, 그러기에 자유로울 수 있다.

  내 안의 여백은 자연이 주는 휴식이다. 느끼기는 하지만 만질 수는 없는, 가을이라는 시공간의 여백에서는 은은한 향기가 난다. 이 풍경 속에서는 나도 여백을 완성하는 한 점이리라. 내 삶에도 서서히 가을의 여백이 드리워지고 있다.

석등

 눈앞이 곡선으로 가득하다. 마당 앞으로 탁 트인 시야가 시원하다. 멀리 보이는 능선은 어머니의 무명 치마폭처럼 부드럽게 산봉우리들을 감싼다. 푸른 옷을 입은 산등성이는 새 각시의 겹치마처럼 제 그림자를 첩첩이 포갠다. 오늘따라 햇살도 출렁거리며 마당으로 풍만하게 밀려든다.

 백련암 광명전 마당에 서 있다. 백련암은 산문도 없이 산속 깊이 자리한 통도사 말사 중 하나다. 게다가 본전도 아니고, 그 위 전각이다 보니 암자도 조촐하고 마당도 자그마하다. 그 구석진 자리에 작은 그림자를 드리운 화강암 석등이 오롯이 서 있다. 김복동 할머니의 석등이다.

 YMCA 역사 탐방 팀과 동행하는 길이다. 고 김복동 할머니의 발자취를 찾아 여기까지 왔다. 할머니는 양산에서 태어난 인권 활동가이다. 무참하게 인권을 짓밟힌 경험이 할머니를 다시 태어나게 하는 힘이 되었다. 이 땅에서 아니 이 세계에서 다시는 이런 일이 생기지 않게 해야 한다는 일념으로.

할머니는 1940년, 15세 나이에 위안부로 끌려갔다. 군복 만드는 공장에 가는 줄 알고 집을 떠나는 길이었다. 멀어지는 고향 뒷산에서 풀벌레도 함께 울었는지 모른다. 그러나 가족과 헤어지는 슬픔에 눈물을 흘렸을 뿐, 그때만 해도 앞날의 어두운 그림자를 예측할 수는 없었으리라.

부산에서 배를 타고 일본으로 건너갔다. 그곳에서 일본 군대를 따라 여러 나라로 끌려다녀야 했던 삶이었다. 아니 죽음보다 더한 악몽의 날들은 계속되었다. 한 줄기 빛도 없이, 언제 끝날지 알 수 없는 캄캄한 어둠뿐이었다.

해방 후 고향에 돌아왔으나 현실은 험난하기만 했다. 사람들은 태극기를 들고 만세를 외치며 밝은 세상으로 쏟아져 나왔다. 하지만 할머니에게는 사람을 피해 한마디 절규도 뱉지 못하고 더 어두운 곳으로 숨어야 했던 나날이었다. 붙어있는 목숨이라 닥치는 대로 일하며 버텼다. 형편은 좀 나아졌지만, 마음은 늘 어둠 속에서 서성였다.

오랜 세월 마음 앓이 한 후, 진정한 자신을 찾기 위해 62세에 '위안부'로서의 삶을 고백했다. 그때 가족들의 외면은 할머니를 더욱 외롭게 했다. 집안 망신시킨다는 말이 비수가 되어 가슴에 꽂혔다. 할머니의 몸과 마음이 또다시 어둠 속으로 내몰렸다.

석등 지붕 아래 사방으로 난 화창이 보인다. 연꽃잎이 감싸고 있다. 돌 속에서 얇은 꽃잎이 금방이라도 피어날 것 같다. 연꽃은 물 위에 피어 있지만, 진흙에 뿌리를 두고 있다. 석등의 차가운 몸속에 가늘다가는 줄기 하나 땅을 향해 뻗어 있는 것은 아닐까. 연꽃 위 화창에서 불빛이 새어 나오는 상상을 한다.

불빛이 그리 밝지는 않을 성싶다. 사방이 어둠으로 가득한 산속이 아닌가. 별빛은 너무 아스라하고, 보름은 아직 멀지도 모르겠다. 광명전 뒤 대숲은 검은 그림자를 마당에 일렁인다. 낮에 보았던 사근사근한 대나무와는 딴판이다. 바람마저 숨을 삼키며 소리를 내지 않는 밤도 있을 것이다. 그 무겁고 무서운 어둠을 밀어내며 석등이 불을 밝힌다. 겨우 제 몸 둘레를 밝히는 빛이다.

반딧불이는 성충이 된 후 단 열흘의 시간을 허락받는다. 그동안 작은 몸으로 안간힘을 다해 반짝반짝 빛을 내고 죽는다. 발광하는 중에는 물 외에 다른 먹이를 먹지 않는다. 제 생명을 사르며 빛을 내는 셈이다. 촛불도 자기 몸을 녹여가며 어둠에 맞선다. 빛을 내는 만큼 스스로 연기가 되어 사라진다. 대가는 짙은 어둠 속 언제 꺼질지 모르는 한 뼘 빛일 뿐이다.

  캄캄한 바다에서 배들의 길잡이가 되어 주는 등대가 떠오른다. 내 고향에는 백색 원형 등대가 죽도산 정상에 자리를 잡고 있다. 바다를 한눈에 조망할 수 있는 곳이다. 검은 바다에 떠 있는 배들은 깜박이는 등대의 빛을 보고 방향을 찾는다. 안전한 항로를 기원하는 꺼지지 않는 빛이다. 한때 등대에는 등대지기라는 자신의 시간을 바치는 사람이 있었다.

  어쩌면 빛이란 어둠의 고통을 아는 자들이 밝히는 게 아닐까. 한 치 앞을 볼 수 없는 곳에서, 절망의 문 앞에 이르러 보지 않으면 어떻게 빛의 절실함을 알 수 있을까. 스스로 태워서라도 작은 빛을 내고자 하는 그 심정을 말이다. 칠흑 같은 어둠 속에서 떨어본 사람이라면 알고 있다. 그 작은 빛이 유일한 구원의 빛이라는 걸. 문득 석등의 연꽃이 화창을 귀히 받들고 있는 연유가 이해된다.

  말년에 김복동 할머니는 모은 재산을 백련암에 시주하고 작은 석등 하나 세워주기를 원했다. 진흙 같았던 삶에서 맑은 빛 한 줄기 피워내기를 바랐을 것이다. 석등은 본 암자가 아닌 광명전 마당 한쪽에 세워졌다. 저 아래 골짜기 어디쯤 할머니의 생가도 있을 것이다. 이제 할머니는 고향을 향해 빛을 밝히는 석등이 되었다.

  석등을 한 바퀴 돌아보아도 글자는 보이지 않는다. 허리를 숙여 지대석을 덮은 풀을 밀쳐낸다. 보일 듯 말 듯 석등 발등에 김복동이라는 석 자가 보인다. 겨우 발등에 새겨진 이름을 보니 가슴이 아린다. 가만가만 손으로 할머니 이름을 쓰다듬어 본다. 등 뒤로 오월의 햇살이 쏟아져 내리며 석등을 포근히 감싸안고 있다.

조선통신사의 길을 걷다

도심 속의 성곽이다. 주위에 아파트가 즐비하게 늘어선 공간 속에서 위풍당당한 자태를 뽐낸다. 과거와 현대를 조화롭게 이어주며 서 있다. 부산진성은 적이 쉽게 침투할 수 없을 만큼 견고한 돌성으로 구축되었다. 단순한 성이 아니라 그 시대의 영혼이자 시간이 새긴 흔적 같다. 수많은 역경과 바람을 맞으면서도 흔들리지 않은 중심을 지키는 것처럼 보인다.

부산진성은 조선 태종 7년, 경상좌도 수군의 사령부로 세워졌다. 동남 해안 방어의 중책을 맡았다. 성종 21년 수군과 물자를 보호하기 위해 증산 아래에 성을 쌓았다. 임진왜란 때는 왜군이 주둔하면서 일본식 성으로 축조되어 자성대로 불렸다가 2023년 부산진성이라는 이름을 되찾았다. 수군들의 희생과 굳건한 의지가 서린 역사의 현장이다. 서문은 원래 남문시장 서쪽에 있었으나 현재는 부산진성 공원 내 서문으로 복원되었다.

서문 성곽 앞에서 한 걸음 더 나아가니 황토색 돌기둥이 눈에 띈다. 안내판을 읽어 본다. '서문쇄약(西問鎖鑰)'이라 새겨져 있다. 서문은 나라의 자물쇠라는 뜻이다. 이곳을 잃으면 나라가 위태로워질 만큼 중요한 장소임을 상기시킨다. 왜적에게 빼앗기지 않겠다는 굳은 결의를 다시 한번 일깨워 주는 듯하다.

역사관 안 영상관으로 발걸음을 옮긴다. 한쪽 벽은 작은 화폭 같다. 그 위에 펼쳐진 조선통신사 행렬은 과거의 이야기를 만화 그림으로 풀어놓았다. 시간이 멈춘 순간을 담고 있다. "어서 와요, 조선통신사!"라는 인사말이 그림 속에서 나를 맞이한다. 먼 세월을 넘어 그들의 손짓과 미소가 다시 살아난다.

한 일본인은 아이를 목마에 태우고 손을 흔든다. 조선 사절단을 향해 반가운 인사를 보내는 듯하다. 또 다른 사람은 자신의 집 대문을 활짝 열어 두고 두 팔로 환영의 인사를 펼친다. 그들의 환대는 부드러운 바람처럼 느껴진다.

역사 탐방 오기 전 읽었던 책 《유마도》의 조선통신사 길을 떠올리며 그 길을 따라 걷는다. 300여 일의 긴 여정을 담고 있다. 책 표지의 그림이 신비로움으로 다가온다. 바람이 버드나무를 흔든다. 그 아래 고요히 서 있는 말 한 마리가 보인다. 변방의 화가 변박이 붓으로 그려낸 말 그림이다.

11대 조선통신사의 발걸음은 역사를 새겼다. 변박은 사행선의 기선장이 되어 바람을 타고 파도를 가르며 나아갔다. 파도는 조용히 조선통신사의 이야기를 속삭여 주었다. 활짝 꽃핀 조선의 문화와 예술이 바닷길 위 떠오르는 무지개를 타고 일본으로 둥글게 이어졌다.

조선통신사들 여정은 수묵화 한 획처럼 길고 굵게 그려졌다. 첫 기항지 사스나항에서 대마도까지 먹물이 번져가듯 넓어졌다. 문화는 서로 다른 색이 어우러져 섞이는 향연이다. 고구마와 수차 그리고 대마도는 붓끝에서 선명한 지형으로 남았다. 조선통신사의 발자국은 지금도 부산중앙박물관에 〈묵매도〉로 남아 매화향처럼 전해져 온다.

순식간에 영상관의 영사기 사진이 지나간다. 말을 타고 재주를 부리는 〈마상재〉, 악기를 연주하며 힘을 북돋는 〈악공〉, 춤이나 노래로 사행원의 무료함을 달래주던 〈소동〉 등은 문화의 전수자가 되었다. 아마 소동이 한류의 최초 아이돌이 아닐까. 가수 싸이의 〈강남스타일〉 역시 말춤이 아니던가. 더 나아가 세계로 뻗어나간 방탄소년단까지 뿌리는 조선통신사들로부터 시작되었지 싶다.

　조선통신사는 약 200년에 걸쳐 12차례 일본으로 파견되었다. 임진왜란 이후 전쟁을 사전에 방지하고 우호적인 관계를 유지할 필요가 있었기 때문이었다. 마지막 통신사 사행 당시에는 대마도에서 국서를 교환하는 형식으로 간소화했다. 그 과정에서 시를 지어주고 신문물을 전해준 통신사 행렬은 그림으로 기록되기도 했다. 이러한 문화 교류의 결과 조선통신사 기록물은 유네스코 세계기록유산으로 공동 등재되었음을 역사관에서 알게 되었다.

　역사관을 나오니 영가대가 눈앞에 펼쳐진다. 이곳은 사절단이 일본으로 떠나기 전 뱃길의 무사 안녕을 기원하는 해신제를 올리던 장소다. 영가대는 복원을 통해 옛 모습을 다시금 드러냈다. 260년 세월을 넘은 2024년 7월 말에 조선통신사선과 항해단의 안전과 무사 귀환을 기원하는 해신제가 재현되었다. 이 행사는 일반 시민들과 함께하며 '서로 속이지 말고, 믿으며 싸우지 않아야 이웃이 될 수 있다'라는 조선통신사의 정신을 되새기는 행사였다.

　영가대 위에 올라서니 부산항에서 불어오는 바닷바람이 머릿결을 스치고 지나간다. 조상들이 뿌린 씨앗이 시대를 넘어 꽃을 피운 지금의 모습이 더욱 의미 깊게 다가온다. 조선통신사의 발자취를 따라 한류의 시작을 거슬러 올라왔다. 우리 민족의 자부심을 새삼 느낀다. 수백 년을 이어온 교류와 평화의 정신이 가슴 뭉클하게 다가온다.

  조선통신사들의 발자국은 단지 역사의 흔적이 아니다. 앞으로 우리가 나아갈 방향을 제시해 주는 나침판이다.

봉발탑

 오월의 마지막 날. 한낮의 햇볕은 머리 위에서 초여름을 알린다. 통도사에 한 걸음 더 깊숙이 들어가기 위해 문화 해설사의 뒤를 따라간다. 발소리를 가볍게 내면서 가만가만 걷는다.
 용화전의 희귀한 석조물 앞이다. 고려시대에 만들어진 봉발탑이란다. 봉발탑의 기본 형태는 마름모꼴의 정사각형으로 되어 있다. 윗부분에 얹혀 있는 뚜껑을 살펴본다. 마치 큰 밥그릇을 엎어 놓은 듯 그 모습이 수더분한 여인의 미소를 닮았다.
 아래의 받침대 뒤로 기별도 없이 그림자가 찾아든다. 밀밀한 연꽃 형태들이 물 위에 떠 있는 듯하다. 미래의 미륵부처님을 기다리는 특별한 탑이란다. 석가세존의 옷과 밥그릇을 미륵보살이 이어받을 것을 상징하는 조형물을 마주 본다. 세존에게조차도 먹고사는 일은 중요한 모양이다.

  먹고살기 위해 직장 속으로 첨벙 뛰어들었다. 아침마다 어린 딸을 떼어내 어린이집이며 유치원으로 보냈다. 아이도 울고 나도 울었다. 그래도 매정하게 등을 돌리고 출근했다. 빈손이다시피 시작한 결혼생활이었다. 남편도 열심히 노력했지만 나는 조금이라도 더 나은 밥그릇을 아이에게 주고 싶었다.

  봉발탑의 밥그릇을 바라본다. 뚜껑을 열면 갓 지은 흰밥에서 김이 올라올 것만 같다. 하지만 그럴 리는 없다. 스님들은 발우를 들고 탁발한다. 한 숟갈 한 숟갈 나누어 주는 밥이 발우를 채운다. 대중은 나누는 법을 배우고, 스님은 육신을 보존하기 위한 최소한의 밥에 감사한다. 그러므로 저 세존의 발우는 넘치는 법이 없으리라.

  어쩌면 내가 가지고자 했던 밥그릇은 저 발우가 아닐지도 모르겠다. 더 가득 차고, 더 기름진 것으로 넘쳐나는 발우를 원했을 것이다. 밥 먹는 일이 점점 힘든 세상이 되어가고 있다. 전쟁도 나고 기후 환경도 여의치 않다. 물가는 세상모르고 자꾸 오른다. 밀가루, 식용유, 기름값은 점점 서민 경제를 불안하게 만든다. 후진국으로 가면 사태는 더 심각해진다. 먹고사는 일에도 양극화가 따른다. 한쪽에서는 밥이 넘쳐나도, 다른 한쪽에서는 기근과 기아의 그림자가 짙어진다.

 한층 뜨거워진 해가 짧은 그림자를 좀 더 길게 드리운다. 바람도 더위에 지쳐 기척이 없다. 가만히 두 손을 모아본다. 발우를 받들어서 미래의 미륵부처님을 기다린다. 미래의 부처는 과연 우리에게 어떤 발우를 내릴 것인가. 한 숟갈 한 숟갈 우리가 우리에게 나누는 밥이 저 소박한 돌 발우 속으로 쌓이기를 기도한다.

기억의 저장소

  키 큰 소나무가 공원을 감싸고 있다. 유월의 하늘을 위로라도 하는 것일까. 먹구름이 낮게 깔려 비를 몰고 오는 듯하다. 온통 회색빛으로 물들어 울기 직전인 내 마음 같다. 혹시나 하는 생각에 작은 우산 하나 예비용으로 챙겨 왔다. 오전 10시, 탐방이 시작된다. 마침 호국보훈의 달을 맞이해서 다다른 곳이 춘추공원이다.

  오봉산이 둘러싸고 있어서 조용하고 편안한 장소다. 길을 걷다 문득 눈에 들어오는 글귀가 보인다. 바닥에는 춘추공원에 대한 유래가 적혀 있다. 삼조의 열 비석을 군수와 춘추 계원들이 한곳에 모아 장충단이라 이름 붙이고, 공원 이름을 춘추원이라 했단다. 잊어서는 안 될 기억의 저장소이다. 역사의 시간을 지킨다는 생각에 또 하나의 충절이 아닐지 생각해 본다.

　두 걸음 더 걷는다. 오른쪽 대나무 숲으로 춘추원사 가는 길이다. 새롭게 들려오는 역사에 발걸음이 무거워진다. 14세 어린 나이에 일본으로 끌려가신 위안부 김복동 할머니. 남부시장 앞에는 소녀상이라 불리지 못한 조각상이 있다. 왜, 역사는 진실을 전하지 못하는지. 고 김복동 할머니는 자유를 위해 싸우는 진정한 영웅이었다. 힘없는 나라의 설움으로 나라가 지키지 못한 백성이 아닌가. 귀향 후 춘추원사에서 계셨다고 한다.

　답답한 마음으로 나의 시선은 하늘을 향한다. 서쪽 능선의 끝자락, 바람이 소나무를 깨운다. 간들간들 솔가지가 흔들린다. 소나무 아래 둥근 모양의 의자에 엉덩이를 걸친다. 어느새 차가운 공기는 냉기를 몰고 이리저리 떠돈다. 갑자기 떨어진 기온이 어깨를 움츠리게 한다. 솔가지 위에서 울어대는 새소리가 가슴속으로 파고든다. 양산선각자들의 혼령을 추모라도 하는 것인지. 목이 터지도록 울부짖는 새들 소리가 구슬픈 곡소리로 들린다. 무슨 말을 하고 싶어서 저토록 울고 있는 것일까?

　이곳에서 나는 무엇을 기억해야 하는가. 나라를 위해 죽은 사람들. 나라가 죽인 사람들. 존엄하고 거룩한 마음으로 기억하리라. 이제는 말할 수 있다는 국가 보도연맹 희생자들의 진실도

외면하지 않아야 한다. 죽고 싶어도 마음대로 죽지 못한 사람들. 그 억울함을 춘추공원이 안아주고 있다. 기어코 살아남아서 소중한 기억을 증언했던 사람들마저도 이제는 삶의 끝에서 사라져 간다. 그래도 춘추공원의 소나무는 살아서 다 지켜보고 있지 않은가. 누군가에 의해 기억되는 한 역사는 살아있다.

충절의 도시, 그동안 양산에서 살면서 나는 무엇을 기억하고 있는가. 잊지는 않겠다는 다짐을 해본다. 나라를 위해 돌아가신 선열들이 계셨기에 오늘의 내가 여기에 있음을. 춘추공원의 가치를 다시금 느껴본다. 돌아 나오는 길, 바람에 나풀나풀 흔들리는 황금빛 금계국이 이곳을 잊지 말라며 하늘거린다.

임경대에서

 하늘이 조금씩 흐느끼기 시작한다. 붉은 자귀나무꽃이 흥건하게 젖는다. 꽃잎마다 대롱대롱 물방울이 달려있다. 손으로 톡 건드려 본다. 손가락 사이로 물방울이 흘러내린다. 자주색 우산 위를 두드리는 빗방울 소리에 가슴이 울렁거린다.
 육각형 정자에 올라 슬쩍 앉는다. 신라 후기 때 지은 '임경대'는 양산팔경의 하나로 꼽히는 곳이다. 낙동강 서쪽 절벽 위에 자리 잡았다. 고운 최치원이 임경대 주변 봉우리 바위벽에 시를 지어 새겼다고 한다. 지금은 시만 전해져 올 뿐이다. 오봉산으로 흐르는 기운들이 암벽을 휘감아 오르는 듯하다. 우리나라 지형을 닮은 낙동강 줄기는 아스라하게 피어오르는 안개에 가려져 있다.

낙동강에 실려 올라온 안개가 정자 앞에 차곡차곡 쌓인다. 주변의 풍경이 푸른빛 속에 숨는다. 안개 낀 세상은 신비로워진다. 숲과 함께 푸른 안개에 잠긴다. 임경대도 끊임없이 올라오는 안개가 내 옷자락에도 묻는다. 마치 무슨 미련이라도 남은 것일까. 옷자락이 눅눅해진다. 괜히 한 번 옷자락을 툭툭 털어본다.

나와 함께 임경대를 찾은 문우들이 편한 자세로 앉아 있다. 저마다 이리저리 떠다니는 안개에 취한 표정이다. 그때 정자 아래에서 재잘거리는 소리가 들린다. 아이들의 웃음소리가 비눗방울처럼 솟아오른다. 빨간 우산과 노란 우의를 입고 선생님을 따라오는 유치원생들의 모습이 어린 병아리처럼 보인다.

내가 먼저 손을 흔든다. 아이들의 고사리 같은 손이 한들거린다. 심드렁해졌는지 안개도 살살 걷힌다. 언덕 아래 건너편, 김해의 작은 마을이 보인다. 강을 끼고 있는 주택들이 펑퍼짐한 엉덩이를 깔고 있다. 안개가 걷히자 풍경은 더욱 도드라져 보인다. 강물 위로 배 한 척 유유히 지나간다. 흐르는 강물을 보니 그 옛날 최치원이 그랬던가. 옳고 그름을 따지며 다투는 속세의 소리와 단절하고 싶어 지은 시가 떠오른다.

최치원은 〈제가야산독서당〉에서 이렇게 노래한다.

첩첩한 돌 사이로 미친 듯 내뿜어 겹겹 봉우리에 울리니
사람 말소리야 지척에서도 분간하기 어렵네
항상 시비하는 소리 귀에 들릴까 두려워하기에
일부러 흐르는 물로 하여금 온 산을 둘러싸게 했네.

 세상의 소리와 단절하고 싶은 마음을 읽는다. 속세를 떠나 자연에 은둔하려는 의지가 가득 담겨있다.
 낙동강 강가의 주변 풍경이 조금씩 물거울 속에 담긴다. 처음에는 산봉우리만 보이던 물속의 풍경이 점점 기슭까지 드러낸다. 물속에서 세상도 밖의 세상과 닮았다. 마음에서도 안개가 걷혔는지 내 모습이 언뜻언뜻 보이는 듯하다. 얼굴에는 피로한 기색이 가득하다. 퀭한 눈빛은 사는 일에 지친 한 여자의 고달픔을 대변한다. 낙동강을 바라보며 일어서 누각 기둥에 기댄다.
 인간관계는 안개처럼 모호한 때가 많았다. 그때마다 하염없이 헤매었다. 내 마음이 상대에게 가려서 보이지 않을 때도 있었다. 아옹다옹하다가 안개가 걷히고 나면 사실과 전혀 다른 상황에 당혹스럽기도 했다. 안개에 가려 사실 그대로를 보지 못했다. 어쩌면 내 입장만 생각하는 이기심이 안개였던 것은 아닐까. 푸르게 풀리는 안개 너머 낙동강 줄기가 보인다. 시야가 넓어지면 내 안의 시각도 넓어질까.

정자 아래를 내려다본다. 내가 좋아하는 딱지꽃이 피어 있다. 넓은 달걀 모양의 꽃잎이 다섯 장이다. 앙증스러운 꽃 모양과 상관없는 딱지란 말이 어울리지 않지만, 어떤 이유로 붙었는지 모르겠다. 작은 꽃봉오리들이 모두 다 꽃으로 핀다. 그런 것을 보면 딱지꽃은 끈기 있는 풀이구나 하는 생각이 든다. 야생에 핀 들꽃을 좋아한다. 내 안의 교만을 다스리고 싶은 뜻이 숨어 있기도 하다.

임경대에 안개가 덮였다 걷혔다 반복한다. 건너편 마을도 모습을 드러냈다가 사라졌다 한다. 세상사도 내가 다 알 수 있는 것은 아니다. 보일 때도, 보이지 않을 때도, 한발 물러서서 기다려 본다. 그러다 보면 세상이 스스로 제 모습을 드러내 보인다. 보이지 않는다고 해서 단정할 필요는 없다.

비가 그치고 안개도 걷혔다. 유치원생들이 사각의 렌즈 안으로 자세를 취한다. 재잘거리는 소리가 새소리와 합쳐져 정자 주위로 퍼진다. 선생님의 하나, 둘, 셋 소리와 함께 내 마음에도 추억 한 컷이 찍힌다.

쌈지공원

 후덥지근한 날씨다. 햇빛은 구름 속에서 꼭꼭 숨어 버렸다. 텁텁한 공기가 대지를 누른다. 삼일로의 신작로에는 자동차들이 열기를 뿜어내며 달린다. 습도가 높은 유월이다. 더위가 몸을 칭칭 감는다.
 양산 YMCA에서 하는 '걷다 보면 문득'이라는 프로그램에 참여했다. '위안부'는 우리나라 근대역사의 깊은 상처이다. 그 상흔을 찾아 김복동의 길을 걷는 중이다. 남부시장 주차장 앞에 있는 쌈지공원이다. 관리하는 사람이 없는지 비둘기 배설물이 공공미술 프로젝트 위에 껌딱지처럼 붙어있다.
 프로젝트명 아래 광복이라는 글자가 눈에 들어온다. 마주 보고 서 있는 소나무 두 그루가 손을 내밀며 우리를 반긴다. 가지 위에 비둘기 두 마리 앉아 있다. 그 아래 '소녀', '독립 만세', '소식', '그리움', '엄마 생각', '기미독립선언문', '기다림'의 제목을 단 조각상들이 공원을 에워싸고 있는 모습이다.

 삼일로는 3.1 운동 지역 발원지이다. 이름처럼 지역 독립 운동사에서 중요한 의미가 있는 공간이다. 과거 만세운동이 일어났던 곳. 호국보훈의 달을 맞아 찾아온 후손들의 발걸음이 무겁기만 하다.

 소녀상을 자세히 들여다보면 비둘기 두 마리에게 소녀가 고개를 숙이고 먹이를 준다. 비둘기는 평화와 자유를 상징하는 새다. 하늘을 날다가 땅에 앉기도 하여 영매의 의미를 가지고도 있다. 가까이 다가가서 거칠게 잘린 머리카락을 만져본다. 부모와 고향에서 억지로 단절된 심정이 느껴진다. 맨발인 상태다. 전쟁이 끝나도 돌아오지 못하거나, 돌아와서도 할머니는 죄지은 마음으로 평생을 살았다. 양산 출신 위안부인 고 김복동 할머니를 이곳에서 만난다.

 김숨의 《숭고함은 나를 들여다보는 거야》는 일본군 위안부 피해 진상과 책임 규명을 위해 평생 싸워온 김복동 할머니의 증언집이다. 인권 평화 운동가였던 할머니는 14살에 일본군에 끌려가 22살에 돌아왔다. 춘추원사에서 요양했다. 먹고살 길이 막막

할 때는 다대포에서 횟집을 하기도 했다.

"돈 벌어서 뭐 할래, 나 좀 주라. 너는 아무도 없지 않니."

여름 한 철 벌어 겨울을 보내는 할머니에게 언니들이 찾아와서 하는 말이었다. 돈 달라고 손을 내미는 가족들, 그 말이 무서웠던 할머니였다. 가족이 때로는 제일 잔인한지도 모른다.

자신의 명예를 찾고자 위안부 증언을 할 때마다 '나가지 마라. 어차피 식구가 없으니까 신고하지 말라'며 말리던 가족들이었다. 평화시위 나서지 마라. 집안 망신이다. 알고 보면 곁에 있는 가족이 위로는커녕 더 큰 상처를 준다.

지나온 세월을 일본 정부의 사죄를 기다리며 살았다. 그 원망과 한을 풀지 못하고 지금은 세상을 떠나시고 안 계신다. 연로하신 까닭에 억울하게 먼저 떠나가신 고 김복동 할머니의 외침을 느껴본다. 할머니께서 이 자리에 없어도 전쟁이 없는 세상을 위해 기원하는 자리이기를 바라본다.

쉬운 길들이 많음에도 불구하고 불편한 길을 걷는 사람들이 많다. 그 길을 왜 걸어가는가? 외면해서는 안 되는 일들이 있다. 아프고 괴롭더라도 직시해야 하는 역사가 있다. 그래야 그것을 넘어 진정한 미래로 나아갈 수 있다. 길을 걸으며 아픈 역사를 기억하는 것은 우리의 몫이다.

쌈지공원은 여름옷을 갈아입고 있다. 잊지 말아야지 하면서 소녀상 옆에 앉아 기념사진을 찍는다. 언제가 되어야 김복동 할머니가 편히 쉬실 수 있을까. 소나무에 앉아있던 비둘기 두 마리가 내려와 먹이를 찾는지 소녀상 앞에서 서성거린다. 쌈지공원은 발바닥 모양이다. 여기에 찍히는 모두의 발자국이 평화를 위한 한 걸음이었으면 좋겠다.

모랫등

유월의 낙동강은 말이 없다. 낙동강 둔치에 조성된 황산 공원은 서걱서걱 푸른빛 갈대의 울부짖는 몸부림만 처량하다. 우우 몰려다니는 바람이 더 세진다. 쏴쏴 갈잎이 바람을 따라 길을 낸다. 잔잔하던 물결은 금실금실 흔들린다. 오래도록 비가 오지 않은 메마른 날씨다. 거무스름한 구름장이 지번이 없는 곳으로 모여든다.

모랫등은 낙동강이 낳은 땅이다. 길고 긴 시간 동안 품 안에 안아 온 모래를 한 알 한 알 하구에 부려놓았다. 저만치 여정의 끝을 바라보며 못다 한 꿈과 희망을 쌓아 놓은 곳이다. 그것들이 쌓여 마치 낙동강이 낳은 알처럼 둥그스레한 땅이 물 위로 떠올랐다. 그 땅에는 바다의 짠물에서는 살지 못하는 유순한 생명이 깃들었다. 모랫등은 바다에서 불어오는 거센 바람을 막으며 그 생명을 품었다. 흘러가 버리는 낙동강을 대신해 쌓이고 쌓이는 희망의 땅이 되었다.

　모랫등에서 유유히 흐르는 강물을 본다. 문화관광해설사는 역사가 깊은 곳이라며 열정적으로 이야기한다. 역사를 좀 더 알기 위해 한 걸음 가까이 들어가 본다. 메기가 비 냄새만 맡아도 홍수가 진다는 말이 있다. 질펀한 갈밭을 메깃들이라 한다. 메깃들이 번듯한 물금평야로 변했다. 그 옛날 가야 부인이 결혼해서 이 길로 왔다던가. 한 여인이 생명을 키우며 척박한 살림을 꾸리고 살아가는 이야기, 우리의 할머니이고 어머니였던 가야 부인의 한이 습한 바람을 몰고 오는가.

　모래가 많아 농사짓기 힘든 땅에도 뿌리를 내리며 살았다. 고질적으로 물난리가 나는 곳이다. 모랫등은 땅 모양이 물길 따라 수시로 변하여 측정하기 힘들어 지번을 대신해서 붙인 이름이란다. 또 물금이라 불리기도 하는데, 그 지명에는 물을 금한다는 뜻도 있다. 애초 모래란 물이 실어 나른 것이다. 물이 만든 땅에 물을 금한다니 아이러니이다. 하지만 차면 기울고, 기울면 차는 이치와 같이 모랫등은 자신을 탄생시킨 물에 의해 다시 소멸의 길을 걸을 수도 있다. 물금의 속 깊은 이유가 짐작된다.

한때는 여러 문화와 풍속이 섞이며 교역이 활발한 곳이었다. 경제 특별구역이라고 할까. 삼국시대 이전부터 교통의 요지였다. 서울 올라가는 물자를 실어 역마차가 서는 역이다. 나라에 바치는 물품들이 낙동강 물길 따라 올라온다. 활발하게 움직이는 이곳을 잘 활용하기 위한 일제의 영악한 속셈이 있었다.

일제는 강물의 범람을 막기 위해 제방을 쌓았다. 물자 수탈에 편리하도록 역까지 이전했다. 물금은 모랫등에서 생산된 쌀과 목화를 빼앗아 가는 기지였다. 게다가 농사의 세금을 7할에서 8할을 거두어들였단다. 농민들의 고통이 더 가중되었으리라. 얼마나 원통하였을까. 한 줄기 흘레바람이 가슴을 훑고 지나간다.

일제 강점기 수탈과 억압의 역사가 고스란히 전해오는 듯하다. 오른쪽 자전거길 옆에 짙은 갈색의 목판이 보인다. 황산 잔로 정비를 기념하여 세운 비석이다. 잔로는 잔도라고 부르기도 한다. 가파른 벼랑 길에다가 나무를 걸쳐 낸 길을 말한다. 깊은 곳을 메우고 험한 곳은 깎아 평탄한 도로를 만들었다. 자전거길 아래로 석조여래좌상 사진 하나와 함께 용화사라고 적혀 있는 표지판이 말없이 역사를 품고 있는 것 같다.

한 사람이 지나갈 정도의 다리 밑은 습하고 좁은 길이다. 한 줄로 조심스럽게 고개를 숙이며 걷다 보니 용화사 입구의 짙푸른 왕벚나무가 먼저 손을 내민다. 입구 정면에 반달 모양의 수라도 문학비가 눈에 들어온다.

용화사는 요산 김정한 소설 〈수라도〉의 주 무대이자 문학 현장이다. 작품에는 화제리에 있는 여러 지명이 모두가 실제 명이면서 사실적으로 묘사되어 있다. 문학기행 오기 전에 소설을 읽고 온 덕분일까. 문화관광해설사의 소설 속 이야기로 빠져든다. 일제 강점기에 허 진사 집안 4대의 수난사를 겪는 가야 부인이 땅에 묻힌 돌부처를 발견하고 그곳에 용화사를 짓는다는 내용이다. 가야 부인을 통해 유교와 불교의 조화, 신분을 초월한 사랑, 남녀평등을 나타내고자 했던 작품이다. 용화사의 대웅전을 뒤로하고 황산 공원으로 발길을 옮긴다.

쓸려 오고 쓸려 가는 모래처럼 시간과 사람도 오고 갔다. 역사가 쌓여 있는 공간에 머무른다. 기록과 기억이 어우러지는 곳이다. 밀려오는 물결에 말갛게 쌓이는 모래처럼 문화 위에 문화가 새록새록 피어난다. 고개를 들어 하늘을 본다. 산 능선이 누워 있는 여인의 모습처럼 요염하다.

오봉산 자락 아래 벼 대신 아파트가 즐비하다. 높은 건물들이 솟아나 새로운 도시를 만들었다. 증산 뜰에는 하루가 다르게 아파트가 무럭무럭 자란다. 역에서 증기차, 기차, 이제는 KTX가

지나간다. 황산 공원은 주말이면 캠핑하는 가족들이 많다. 야경 또한 멋진 장소가 되었다. 옛 모습은 보이지 않는다. 과거와 현재, 살아가는 방식이 구분되기도 하고 비빔밥처럼 섞이기도 하면서 변해왔다.

 마침 물금 자락을 통과하는 무궁화호가 달린다. 기차는 이곳에 이르러 선사시대와 구석기시대, 신라와 가야를 거쳐 일제 강점기, 그리고 현대에 이르는 시간을 관통하는 것 같다. 차곡차곡 쌓인 이야기와 볼거리가 다양하다. 모랫등의 중첩된 시간 속에 내 발자국을 찍어본다.

해설

모든 '첫'을 향한 하얀 고백

김순아(시인·문학평론가)

붓(筆)을 든 손(手)

수필은 작가의 손이 백지 위를 달리며 그린 한 폭의 그림이라고도 한다. 그렇다면 붓, 아니 작가의 손을 움직이게 하는 것은 무엇일까. 그것은 결국 작가의 마음 아닐까. 백지는 텅 빈 공백, 흰빛으로 가득 채워진 절벽. 수/필은 그 절벽 위에서 무한 공포와 떨림을 견디면서 작가가 건네는 언어이다. 누군가에 대해, 누군가를 향해 자신의 속내를 '투명하게(白)', '알리고픈(告)' 고백의 언어. 그런데 이 고백의 언어는 그 누군가에게 온전히 가 닿을까. 건너가는 동안 비바람을 맞아 흐릿해지거나, 비유와 상징의 옷이 입혀져 모호한 얼굴이 되진 않을까.

문(文)학의 차원에서 보면, 수필도 하나의 문(門)이다. 열린다.

발화(發話)한다. 절벽 위에 핀 꽃의 씨앗처럼 어딘가로 날아가 누군가의 마음 안에서 새롭게 시작한다. 그렇게 제 몸을 벗어나는 가능성으로 누군가의 마음속에 가 다시 산다. 만일 그럴 수 없다면, 발화(發花)의 힘과 파동의 에너지를 만들어 낼 수 없다면, 수필은 시필(屍筆)이 되고 만다. 시든다. '붓 가는 대로'라는 말은 수필의 가능성과 불가능성, 그 형식과 무형식 모두를 포함하는 말이리라. 가능한 불가능, 불가능한 가능, 형식의 무형식, 무형식의 형식, 그 어느 쪽이든 수/필(手/筆)은 그 어딘가로 가 새로운 마음(감정)을 생성하는 힘, 또 다른 무엇으로 생성되기를 촉구하는 에너지이다.

  박정숙 작가의 제2 수필집 『생명의 천체도』는 이러한 에너지로 가득 차 있다. 이 수필집의 기저에는 한곳에 머무를 수 없는 인간의 운명에 대한 작가의 고뇌가 깔려 있다. 작가는 마치 행려자처럼 길 위에서 떠돈다. 늘 어딘가를 향해 걷고, 어떤 대상과 마주한다. 이때 작가의 시선이 향하는 곳은 대상의 표면만이 아니다. 작가는 대상의 빛에 겹쳐 있는 어둠을 동시에 들여다본다. 이 순간은 빛과 어둠이 자리를 바꾸고, 삶과 죽음, 부재와 현존이 교차하는 시간. 작가는 이 순간을 포착함으로써 다른 시간 속으로 떠나려고 한다. 그러나 작가를 비끄러맨 현실은 그것을 온전히 허락하지 않는다. 작가는 되돌아오고, 다시 길을 나선다. 가고 싶은 세상과 갈 수 없는 세상, 이쪽과 저쪽, 나와 타자, 그 사이로 오고 감, 마주침의 관계는 박정숙 수필의 동력이다.

건너가는 말과 되돌아오는 말

 그렇다면 박정숙 수필이 출발하는 세계는 어디이며, 그 세계(타인)는 구체적으로 누구를 가리키는가. 그/녀는 과연 어떻게 존재하고 있을까.

 바다를 향해 있는 향일암에는 수천 송이 동백꽃이 피고 지고 있다. 짹짹거리는 낭랑한 동박새 소리가 귀를 맑게 해 준다. 저들끼리 무엇이 그리 좋은지 동백나무에 여기저기로 날아든다. 새를 보다가 유독 붉은 동백꽃 한 송이에 눈길이 머문다. 어머니의 마지막 얼굴에 칠해져 있던 붉은 입술 같다.
 물질을 마친 어머니의 입술은 늘 파랬다. 나는 한 번도 어머니가 그 입술에 붉은 립스틱을 바르는 걸 보지 못했다. 어머니의 고단했던 풍상의 날들이 내 안으로 기웃거린다. 냉혹한 현실처럼 수온은 항상 체온보다 낮았다. 거친 파도와 거센 조류 속에서 숨조차 참아가며 살았던 평생이었다. 해풍에 얼굴이 그을고 손이 텄다. 추운 겨울에도 바다에 몸을 던지시는 어머니였다. 뼛속까지 스미는 냉기를 그저 견딜 뿐이었다. 온몸에 바다색 같은 푸른 멍이 든 세월이었다.

- 「동백꽃 어머니」

　작가가 출발하는 세계(타인)는 어머니인지 모른다. 어머니는 가장 가까운 곳에서 맺은 최초의 관계, 작가에게 젖과 말을 준 존재 아닌가. 그런데 이 작품에서 어머니는 이 세상에 존재하지 않는다. 부재한다. 부재하는 어머니는, 그러나 세계 바깥으로 사라진 것이 아니다. 작가 안에, 마음이라는 기억의 저장고에 이미지로 존재한다. 이 어머니의 얼굴은 예정된 시간에 떠오르지 않는다. 예상치 못한 시간에, 작가의 시선이 어떤 사물에 닿는 순간에, 불현듯이 떠오른다. 작품에서 그것은 작가가 향일암이라는 사찰에 들렀다가 우연히 마당에 핀 동백꽃에 시선이 닿는 순간 실현된다. 작가는 동백나무 사이로 날아드는 새를 보다가 유독 붉은 동백꽃 한 송이에 눈길이 머문다. 이때 작가의 시선이 머무르는 곳은 동백이 아니라 꽃그늘, 잎 사이에 자리한 어둠(죽음)이다. 이 어둠을 응시하는 순간에 포착되는 것은 어머니의 붉은 입술. 돌아가신 어머니의 붉은 입술은 바다의 짙푸른 빛과 절묘하게 조화를 이루면서 살아생전 입술이 "늘 파랬"던 어머니의 고통과 상처를 아프게 환기시킨다.

이렇게 죽음에서 삶을, 삶에서 죽음을 발견하는 시선은 어쩌면 여성인 작가에게 필연적인지 모른다. 역사 이래, 여성의 시간은 언제나 삶보다 죽음에 가까이 있었다. 소녀가 상처 없이도 자신의 몸에서 피가 흐를 수 있다는 사실을 처음 자각하면서 죽음의 급격한 가능성을 예측하게 되듯이. 이 소녀가 공포에 사로잡히는 이유도 몸의 변화가 사회적 억압과 금기의 대상이었기 때문이듯이. 가부장적 사회 안에서 여성은 그 사회를 존속시키는 성스럽고 순결한 어머니나 성적인 대상으로 성장해야만 했다. 이 과정은 상기하는 것만으로도 충분히 고통스럽기에, 여성은 그 시간을 망각할 수밖에 없다. 그러나 완전한 망각이 가능한가.

거부하고 싶은 어머니의 운명은 곧 나의 운명. 시간의 저편으로 건너간 어머니의 말은 내게로 되돌아와 나를 이룬다. 나는 가족제도 안에서 무보수 노동과 희생을 감내해야 한다. 착한 아내, 숭고하고 희생적인 어머니와 같은 말들은 나의 일상을 지배한다. 그렇다고 작가가 가족제도에 내장된 억압성이나 위선을 표면적으로 이야기하고 있다는 뜻은 아니다. 작가는 남편과 자식을 위해 자신을 희생한 어머니의 말을 "냉혹한 현실처럼 수온은 항상 체온보다 낮았다. 거친 파도와 거센 조류 속에서 숨조차 참아가며 살았던 평생이었다."와 같이 풀어낸다. 그리고 돌아가신 어머니의 푸른 입술에 핏빛과 같은 붉은빛을 겹쳐 놓음으로써 그 희생적 삶을 환기시킨다. 물론 이 이미지는 어떤 독자에게 어머니를 아버지의 이데올로기로 포획하는 결과를 낳을 수 있다고 지적될 수 있다. 희생과 헌신의 모성 이미지는 여성에 대한 남성 지배를 강화하는 기제가 될 수 있는 까닭이다.

그럼에도 불구하고 남성/문명 이데올로기에 포획되지 않는 잉여의 영토(자연)에서 자신의 기원을 재발견함으로써 상징적 아버지의 세계에 대한 위반의 에너지를 생성하는 것은 여전히 유효하다. 어쩌면 박정숙 작가에게 수필은 죽음을 감싸안고 살아갈 수밖에 없는 여성에 대한 이야기, 혹은 그런 여성의 고백일지 모른다. 단순히 성별(gender)로서의 여성만이 아니라, 이 세상에서 죽은 것처럼 '살다 간/살다 갈' 여성, 그래서 여성이라는 말 자체를 거부하는 여성, 삶 속에서 죽음을 꿈꾸고, 또 그렇게 살아내야 하는 여성. 그래서 그녀의 시선은 매번 삶의 뒷모습, 그 이면(죽음)을 향해 나아간다.

> 겨울의 연밭을 본 적이 있다. 연이 겨울 밭에 서 있을 때 바람이 불면 서걱서걱 소리를 낸다. 한여름의 아름답고 청정한 꽃을 피우고 잎을

펼치던 모습은 어디로 사라지고 없다. 겨울이 되면 온 힘을 뿌리에 모으고, 한여름에 보였던 꽃과 잎들이 모두 말라비틀어진다. 그 모습만 본다면 여름의 연밭은 상상이 되지 않는다. 겨울의 연 위로 큰시누의 바싹 마른 모습이 겹친다.

-「칠레의 밤」

 이 작품에서 작가의 시선이 머무르는 대상도 살아 있는 존재가 아니다. 겨울 연밭에서 작가가 보는 것은 연밭 자체가 아니라 병마와 싸우다 이승을 떠난 시누이다. 시누는 작가의 삶의 많은 순간을 함께한 가족이지만, 세상에 존재하지 않는다. 그런데도 이 부재의 존재는 삶의 얼굴로, 그것도 말라비틀어진 연밭의 모양새를 하고 작가를 찾아온다. 죽음이 작가의 삶에 얼굴을 들이밀고 문을 두드린다. 살아서도 죽어 있는 여성이, 죽음 이후에도 이렇게 말라비틀어진 모습으로 살다니! 그러니 겨울 연밭에 겹친 시누의 모습을 보면서 눈물을 삼킬 수밖에. 작가에게 바싹 마른 연밭, 그 황폐한 얼굴을 재발견하는 일은 자신의 죽음이 날카로운 통증으로 환기되는 꿈 같은 현실이기도 하다. 작가에게 이 생은 하나의 헛것이다. 죽음이라는 헛것, 죽음을 찾지 않고서는 지속 자체가 불가해지는 여정. 그렇게 죽음과 함께 출발하여, 죽음과 함께 삶으로 나아가는 언어의 도정이 박정숙 수필을 눈여겨보게 하는 매력이기도 하다.

떨어지는 말과 부서지는 말

　박정숙 수필이 나아가는 공간(장소)은 작가가 발 디디고 사는 지역처럼 보이기도 한다. 「임경대에서」, 「가야진사」, 「숲에서」, 「조선통신사의 길을 걷다」, 「쌈지공원」 등에서 보듯, 작가는 자신이 살아가는 지역의 이름을 작품에 소환함으로써, 우리의 시선을 양산 또는 부산이라는 공간으로 이끌어 간다. 그러나 이 공간에서 경험되는 일들이 이 땅 어디서나 경험할 수 있는 일이라 생각하면, 지명의 확실성은 곧바로 흐릿해진다. 작가가 걷는 길은 어느 지역의 특수한 길이 아니라 이 땅에 있는 모두가 보편적으로 경험하는 길, 곧 일상 속에서 휘발되어 버린 사람(人)의 사이(間)다.

　박정숙의 수필이 지역의 골목을 걸으면서도 죽음과 같은 현실을 주제로 계열화되는 것은 우연이 아니다. 「회화나무」, 「국화 한 송이」, 「석등」에서는 거대 서사로서의 역사가 개인의 일상이라는 미시 서사에 억압적으로 틈입하는 방식이 비판적으로 성찰된다. 개인의 자유를 억압하는 폭력이 일상에 상존하는 고통을 작가 자신이 외면할 수 없기 때문일 것이다. 그러나 작가는 폭력적 언어로 현실을 비판하지는 않는다. 그것은 폭력적 담론을 양산하는 것이기 때문에 그녀는 미적 자의식이 담긴 작품으로써 상징적으로 현실에 관해 말한다. 「국화 한 송이」, 「석등」에 등장하는 국화와 연꽃은 거대 역사가 개인에게 강요하는 폭력에 대한 대안이기도 하다. 동시에 현실이라는 문학 내부의 관습적, 가부장적 이분법에 대한 회의의 성찰의 결과이기도 하다.

국화와 연꽃은 단순한 꽃이 아니다. '이태원 참사'와 '김복동 할머니'라는 역사적 사건이 응축되어 있다. 국화와 연꽃은 그/녀들의 상처와 고통이 함축된 이름. 사건의 진실을, 생명의 본질을 '은폐/거부'당한 채 죽음의 영토로 내몰린 존재들의 고통이 응축된 이 꽃들은, 평화와 안정이라는 이름으로 삶의 진실과 억압의 고통을 콘크리트로 덮어버린 권력적 질서의 허위를 현시하는 사물이자, 그 어둠(죽음)을 가시화하는 이름이다. 길을 걷는 작가가 이 꽃들을 마주하는 행위는 폭력적 현실의 재난을 자기 내면으로 끌어안는 행위이면서 지나간 역사의 고통에 대한 망각을 거부하는 행위와 맞닿아 있는 것처럼 읽힌다. 망각을 거부하고 죽음의 흔적을 각인함으로써 진실을 은폐하는 권력 질서에 대응하려는 듯이.

그러나 작가는 권력 질서에 폭력적으로 대응하지 않는다. 그녀의 언어는 현실의 고통과 역사의 상처를 끌어안음으로써 그 상처를 치유하는 데 집중한다. 이를테면, "겨울이 올 줄을 알면서도 고통이 닥칠 줄을 알면서도 그윽한 향기를 품고 끈질기게 피어난다."(「국화 한 송이」)라거나, "말년에 김복동 할머니는 모은 재산을 백련암에 시주하고 작은 석등 하나 세워주기를 원했다. 진흙 같았던 삶에서 맑은 빛 한 줄기 피워내기를 바랐을 것이다."(「석등」)와 같이, 꽃을 억압적 현실의 경계를 뚫는 힘으로 사유한다. 추위에도 피어나는 국화, 진흙 속에서 온갖 주검을 머금고 피어나는 연꽃(연등)은 현실의 상처를 치유하는 동시에, 희생된 존재의 몸이 부활한 산물이다. 죽은 자들의 고통과 눈물이 꽃으로 개화되어 현실의 어둠을 비추어내는 것이다. 이렇듯 작가는 꽃의 언어(꽃말)를 통해서 어둡고 차가운 세상을 뜨겁고 환하게 넘어서고자 한다. 그 시선은 과거에 대한 낭만적 회상이 아니라 폭력이 상존하는 현실의 영토에 대한 고통스러운 응시에서 태어난다.

작가에게 여행은 자신을 속박하는 현실에서 벗어나는 하나의 길이다. 낯선 어딘가로 떠나는 일이 극한 두려움을 야기하는 일이라고 해도 포기하지 않는다. 「천계로 가는 계단」, 「여수 밤바다」,「이로운 물의 섬」에서 펄럭거리고 움직이는 파란 원피스, 케이블카, 여객선은 근대의 일직선적 삶에서 벗어나 새로운 삶을 살고자 하는 열망을 형상화한다. 근대의 일직선적 삶이란 목표지향적 삶, 끝없이 반복의 회로를 달리는 삶이다.「천계로 가는 계단」에서 작가는 그 억압적 시간에 균열을 내듯 치마를 입고 산을 오르고, 자신의 숨소리에 집중하면서 목표가 사라지는 것을 경험한다. 그러곤 다시 바다를 향해 떠난다. 삶 전체를 건 여행. 작가는 이 과정에서 낯선 이와 대화하고 소통하여 여행을 떠나기 전과는 다른 존재로 변화하기를 꿈꾼다. 사실 생의 여행이란 그것, 새로움을 맛보기 위한 것 아닌가.

  그런데 이 현대 소비사회에서 새로움이 가능할까. 우리는 매 순간 새롭고 다른 대상을 개성적으로 즐기고 있다고 생각하지만, 그것은 착각에 불과하다. 새로운 무엇(상품)을 소비하기 위해 미세한 차이를 생산하지만, 그것은 결국 기존의 것(상품)과 차별성으로 수용되어 체제의 논리 속으로 포섭된다. 소비사회에선 인간도 하나의 상품. 좀 더 새롭게, 젊어 보이기 위해, 성형하고, 다이어트를 하고 신체를 변형시키지만, 의료기술과 다이어트 식품에 의존함으로써 결국 자본주의 이데올로기에 포섭되고 만다. 그 점에서 우리는 모두 자본의 상업주의 논리에 포박된 인형, 상품이다.

  노동 시장에서 발생하는 감정 착취는 인간을 인간일 수 없게 만드는 가장 폭력적인 형태이다.

바람의 방향이 바뀌면 모든 것이 복잡해진다. 겉으로 보이는 체계는 유지가 되지만 속으로는 위계질서가 무너진다. 동료들이나 후배들도 술렁이기는 마찬가지이다. 입장에 따라 의견이 갈리고, 이익에 따라서는 위치가 달라졌다. 갈수록 문제가 생기고 꼬이자, 급기야 직장에서는 직원들에게 그간의 내용을 적은 진술서를 쓰라고 지시했다.
내용이란, 경영주인 이사장 일가의 비리에 관한 것이었는데, 예를 들면 직원 명부에 올라와 있는 그의 식솔들이 제대로 출퇴근했느냐, 안 했느냐 같은 문제들이었다. 출근도 하지 않으면서 가족이라는 이유로 월급을 꼬박꼬박 받아 간 것도 모자라 집안의 가사도우미 월급 또한 직장에서 주고 있는 것이 사실이었다. 직원들의 퇴직적립금은 넣어두지 않은 상태였다. 불안한 직원들이 경영주에게 퇴직금이라도 적립해 달라고 사정했지만 한 푼도 해주지 않는다는 답변뿐이었다.
오랜 세월 동안 다닌 직장에 앞이 보이지 않은 안개가 드리워졌다. 우수수 떨어지는 낙엽처럼 여기저기 다른 부서에서 퇴사하는 직원들이 생겼다.

- 「가을에 쓰는 진술서」

「가을에 쓰는 진술서」는 노동자의 감정을 착취하는 직장(기업)의 구조를 보여준다. 작가는 어느 가을날 아침, 산책을 나섰다가 길에 떨어진 낙엽을 보고, 직장에서 떨어져 나온 자신의 과거를 동시에 떠올린다. 직장을 다니던 당시, 작가는 이권을 다투던 경영주들에게 일가의 비리를 고발하는 진술서를 요구받았다. 일가의 비리를 진술하느냐 마느냐, 하는 문제는 살아남느냐 마느냐, 하는 생존 문제이기 때문에, 작가를 포함한 노동자들은 갈등할 수밖에 없다. 거짓을 말하면 살아남을 수 있고, 솔직하게 털어놓으려면 직장을 그만둬야 한다. 이때 노동자-직장인들의 감정은 하나의 노동이다. 나의 마음(감정)은 나의 것이 아니라, 타인-경영주의 것. 경영주에게 나는 자신의 노동/감정을 파는 하나의 상품에 불과하다. 언제든 교환 가능하다. "마치 핀이 꽂힌 곤충"이나, "쉬지 않고 작동하는 기계"(「10분의 자유」)처럼 취급되다가, 고장이 나면 가차 없이 버려진다. 도시의 귀퉁이에 떨어지는 낙엽처럼. 그 점에서 도시의 직장인-노동자는 철두철미하게 자율성을 훼손당한 채 살아간다.

그렇다고 작가가 자본주의 시장 구도를 통렬히 비판하고 있다는 것은 아니다. 작가는 자본주의 경제-경쟁-전쟁 구도에 대한 신랄한 비판도, 그것에 대해 악의적 비난도 쏟아 놓지 않는다. 다만 낙엽, 이 폐허와 같은 도시 사이에 떨어진 생명의 가치를 발견하는 데 집중한다. 낙엽은 교환가치도 없고, 일반적인 의미의 사용가치도 없다. 그것의 가치는 비-교환가치이며 비-사용가치이다. 비-교환가치나 비-사용가치는 자본의 상품 유통시스템 안에 포함되지 않는다. 사용가치나 교환가치와 같은 경제적 가치는 없지만, 그 이외의 더 많은 가치를 지닌다. 가을 잎은 떨어져서, 나뭇가지에서 잘려 나가고 부서져 나감으로써 또 다른 삶-죽음을 품어 안는다. 그렇게 죽어, 거름이 됨으로써 햇볕과 바람과 비와 별빛을 물고 오는 새와 애벌레의 언어를 진술할 수 있다. 이 작품은 바로 이 가치, 교환가치와 사용가치를 갖는 상품이 아니라 그것으로부터 소외된 비-교환가치, 비-사용가치를 갖는 존재를 발견하는 데 있다고 하겠다.

박정숙 수필의 도정은 현실의 문제가 보이지 않는 방향이 아니라, 억압과 폭력이 상존하는 현실의 골목, 그 그늘진 안쪽으로 이어진다. 「자리」와 「난청」에서 작가는 자기 이외의 모든 타인이 사라진, 그래서 타인의 시선에 의해 구성되는 '나'도 사라져 가는 현재를 '목욕탕'과 '헬스장'이라는 일상의 장소를 통해 보여준다.

그동안 그녀의 행동이 불쾌하기도 하고 부당하다는 생각을 한 사람은 더러 있겠지만 막상 이의를 제기하는 사람은 없었다. […중략…] 그녀가 없는 자리에서 사람들은 내 일도 아닌데 무엇 때문에 편을 드느냐, 왜 자리를 잡는지 이유를 모르겠다, 이럴 때는 아무런 말 없이 조용하게 있는 것이 정답이라 하며 끼리끼리 모여 속닥속닥 말이 많았다. 어쩌면 이 일로 불편한 목욕탕 문화가 좀 나아지려나 하는 기대가 슬며시 일었다. 그러나 그런 기대도 잠시, 며칠 되지 않아 새벽의 목욕탕은 다시 그 여인의 장악력 아래 놓이고 말았다.

-「자리」

그 남자와 나는 감정적인 말들을 주고받는다. 마치 무중력 상태에 있는 것처럼 말은 서로에게 가닿지 못하고 소리만 시끄럽다. 주위의 사람들도 끼어들어 한마디씩 던지지만 말의 의미는 사라지고 마치 무성 영화에 출연한 사람들처럼 소란스럽기만 할 뿐이다. 문득 우리가 모두 난청 환자가 된 것은 아닌가 싶다.

-「난청」

「자리」는 목욕탕에서 자리를 다투는 여성들의 이야기를 담고 있다. 목욕탕은 여성들이 함께 몸을 씻는 공중장소이지만, 어떤 여성은 이 장소를 더 차지하려고 욕심을 낸다. 때로는 자신과 가까운 다른 여성을 위해 넓은 자리를 독점하려고 한다. 공중목욕탕을 자신의 것으로 삼으려는 이 이기적인 여성에게 누군가 이의를 제기했다면, 그녀가 기다리는 또 다른 여성이 가세했다면, 목욕탕은 '나-내 편-우리'/'너-상대편-적'으로 패가 나뉘어 싸움이 벌어지는 전장이 되었을 터. 그러나 그 여성의 행위에 이의를 제기하지 '못한다/않는다.' 결국 목욕장은 한 여성이 다수를 지배하는 권력장으로 변모된다. 그런데 그녀는 알고 있을까. 장소를 지배한다는 것이 장소를 파괴하는 행위라는 것. 장소에 대한 사람들의 기억과 감정 모두를 파괴하는 행위라는 것을. 그리하여 결국엔 혼자가 될 것이란 사실을.

자리를 독점하려는 여성의 행위는 그동안의 남성 서사에서 발견되는 주체의 행위와 닮아 있다. '나'를 중심으로 자기 바깥의 존재(타자)들을 배척하는 주체(Man), 자신과 '다르다'는 것을 자신보다 '못하다'고 생각하는 주체, 그래서 '나-내 편-우리'는 항상 옳고, '너-상대편-적'은 항상 그르다고 말하는 주체, 그런 말과 생각으로 세계의 모든 것을 삼키려는 제국주의에 연료를 공급한 주체…. 그런 주체의 사유로 폭력을 행사하는 여성의 행위를 소유욕이라는 말로 한정하는 것은 무의미한 일인지 모른다. 우리는 어쩌다 타인을 용납할 수 없는 사람들이 되어 버렸다. 너-타인의 고통은 감각되지 않는다.

이러한 비극은 「난청」에서도 발견된다. 사람들은 각자 자신의 건강을 위해 헬스장으로 가지만, 거기에 이웃과의 교류나 교감은 없다. 나의 눈에 '너'는 보이지 않고 너의 '말'만 있다. 나에게 말을 거는 한 남성과 그 말을 듣는 나는 물리적으로 가까운 자리에 있지만, 다정하고 정중한 표정을 지을 수 있지만, 충분히 삶을 나누는 소통은 알지 못한다. 이웃인 우리는 서로에게 익명적 존재 그 이상도 이하도 아니다. 언어는 배웠지만 대화하는 법을 알지 못하는 새처럼, 우리는 자신에게 부재하는 상태로 존재한다. 당신과 나는 이미 그렇게 변해버린 세계에서 살아가는 사람들이다. 차이가 사라진, 그러므로 소통의 근거가 사라진, 우리는 다만 죽은 삶을 연장하기 위해 날마다 같은 자리에서 뜀을 반복하고 있을 뿐. 이토록 공허한 삶이 우리의 현실이라면 작가는 무엇을 더 말해야 하며 말할 수 있을까.

돌보는 말과 되돌아보는 말

그러나 박정숙 수필에서 그 불가능성은 새로운 가능성을 탐색하는 동력으로 작용한다.

혼자가 되었다. 혼자 딴짓하다가 무리에서 벗어나 버렸다. 연락할 수 있는 길이 없었다. 익숙하지 않은 공간 속에 갇혀 버린 느낌이 들었다. 진땀이 났다. 혼자가 된다는 것은 생각보다 훨씬 힘이 드는 일이었다.
터벅터벅 입구에서 위로 다시 걷고 또 걸었다. 그때 저 멀리서 형부가 나를 부르는 소리가 들렸다. 얼마나 반갑던지 눈물이 펑펑 쏟아졌다. 휴대전화도 없고 남의 휴대전화를 빌려서 아무리 번호를 눌러도 터지지 않았던 구인사 계곡의 아득함이 느껴지는 순간이었다.

- 「혼자가 되다」

혼자가 된다는 것은 오롯이 혼자 지낸다는 것, 작가에겐 "익숙하지 않은 공간 속에 갇혀 버린 느낌이 들었다. 진땀이 났다. 혼자가 된다는 것은 생각보다 훨씬 힘이 드는 일"로 인식되기도 한다. 그러나 그것은 동시에 눈에 보이지 않는 누군가를 계속해서 느끼며, 나 아닌 나를 계속해서 인식하며 나를 돌보는 일이기도 하다. 그래서 혼자가 된다는 것은 혼자 살고 싶다는 것이 아니라 오히려 혼자 살고 싶지 않다고 말하는 일일 것이다. 마치 죽고 싶다는 말을 입에 달고 사는 사람의 말이 살고 싶다는 소원의 표현인 것처럼. 작가는 혼자 있을 때마다 과거의 기억을 떠올리고 눈앞에서 사라진 사람들의 얼굴을 떠올린다. 한때 같은 직장에서 일하던 상관과 동료와 수하 직원들, 외로울 때 힘이 되어주었던 친정 언니 부부. 그/녀들은 물리적으로 먼 거리에 있지만, 같은 시간대에 다른 공간에 있지만, 언제나 나와 함께한다. 극단적으로, 그/녀가 나의 삶 바깥으로 사라져 버렸다 할지라도, 내가 "기억하는 한 인연은 산 자와 죽은 자 사이에도 계속"(「천원(天願)」)된다.

이 '홀로 함께함'의 상태는 작가 자신과 타인 사이에 놓인 간극이 봉합된 상태를 가리키지 않는다. 「자리」나 「난청」에서도 발견되듯이, 작가는 이미 알고 있다. 아무리 가까워도 우리는 타인이란 사실을. 우리는 현실이라는 어두운 터널을 함께 통과하는 듯하지만, 되돌아보면 결국 따로 걷고 있다. 혼자가 된다는 것, 누군가를 느끼며 홀로 산다는 것은 결국 나와 나의 그림자와 함께 잘 산다는 것. 그것은 작가에게 주어진 운명인지 모른다. 작가는 고독을 불가피한 것으로 받아들인다. 물고기에 주어진 물처럼, 돌이킬 수 없이 삶에 부여된 숨처럼. 그래서 고백한다. "이제는 혼자가 될 때이다. 혼자서 또 다른 나를 향해 뚜벅뚜벅 걸어갈 시간이다. 창밖의 저 억새가 시간의 바람에 다 사위기 전에…"라고.

그녀는 '가을' '쓸쓸함' '여백'과 같은 낭만적 언어들을 상투어

구로 끌어안으면서도(「가을의 여백」) 이와 동시에 그것을 마치 천형과 같은 불행과 불능으로 여기고 밀어낸다. 아니 그 불행과 불능을 수필의 문(文)을 열어가는 필연적 조건으로 생각한다. 그래서 삶이라는 터널, 그것도 설원처럼 하얀 암흑의 통로를 통과하면서 그녀는 그곳을 혼자서 걸어서 지나가야 했던 과거의 역사적 인물들을 되돌이켜 생각하고(「허공을 움켜쥐다」), '함께' 또 '따로' 걸어야 하는 삶의 길을 떠올린다.

> 해무는 급격히 생긴다. 사라지는 데 그리 오래 걸리지 않는다. 해무 자체가 서로 적당한 온도를 유지하기 위한 자연의 이치다. 시간이 지나면서 온도 차이는 자연스레 줄어든다. 해무는 바람에 사라졌다가 다시 생기기를 반복한다. 마치 소멸하기 위해 존재하는 듯한 아이러니를 품고 있다.
>
> ― 「해무」

해무를 이야기하는 이 작품은 작가가 바닷가 마을을 걷는 데서 시작된다. "고래 박물관을 지나 걸으며 미세한 염분 입자가 입술에 달라붙는" 순간, 작가는 과거에 맛보았던 고향의 맛을 동시에 경험한다. 현재의 시간에 도래한 과거는 막막한 현실의 시공간을 해체시키면서 새로운 시간을 열어준다. "축산항 등대",

"해무", "무종", "장독대", "엄마가 돌미역을 따던 갯바위"와 같은 이름을 동반한 과거가 현재 안으로 스며들어 과거와 현재가 뒤섞이는 낯선 시간이 만들어지는 것이다. 작가의 손은 부재하는 어머니를 현존의 움직임으로 이끌어가고, 기억 속으로 사라진 유년의 시간을 명징한 음색으로 풀어 놓는다. 그것은 과거의 얼굴이 현재에 출현하는 하나의 사건이다. 이 사건을 통해 작가는 또 다른 누군가의 어머니가 되어 있는 자신과 딸의 관계를 생각하게 된다.

어느덧 어머니가 되어 있는 작가는 결혼 적령기에 든 딸의 결혼을 기대하며 "딸에게 결혼 이야기를 꺼내 보았다." 그러나 딸은 "아직 결혼 생각은 없다며 비혼주의를 선언"한다. 그리하여 "우리 사이엔 앞이 보이지 않을 만큼 짙은 해무가" 깔린다. 이 때 해무는 답답한 마음, 즉 작가와 딸 사이에 발생한 갈등을 가리킨다. 그러나 작가는 자기 생각을 강요하지 않는다. 딸이 먼저 곁에 다가와 말을 건넬 때까지 기다린다. 이 기다림에 동반되는 "침묵이라는 해무"는 생명의 물(바다)을 상징하는 어머니, 자기 안에 있으나 보이지 않게 존재하는 어머니의 또 다른 이름이 아닐까. 어머니는 자신을 고집하지 않는다. 자식에게 생명을 주고는 말없이 사라진다. 온갖 노역과 질병의 질곡을 가로질러 흘러

가는 물처럼, 흘러가면서 하얗게 솟구치고 흩어지는 안개처럼 그렇게 흩어져서 스며들고 어디론가 '사라/살아'진다. 그런 바닷(海)물 같은 어머니의 마음 안에는 너(자식)를 내 안에 가두고 싶은 욕망이 없다(無).

그 마음 상태를 해무에서 발견한 작가는, 그래서 딸의 말에 고개를 주억거리고 있는 것인지 모른다. 아마도 그럴 것이다. 안개는, 부재의 형태로 현존하는 어머니는 찰나적으로 왔다가 찰나적으로 사라져 가는 존재, '나'라는 형체를 지움으로써 너, 타인을 감싸안는 그런 마음이기도 하다. 어쩌면 작가는 해무를 통해 그런 삶의 밑그림을 그리고 싶은지 모른다. 그 무엇을 완성하기 위한 초안의 밑그림이 아니라, 말 그대로 밑의 그림이 되고 밑의 이미지가 되는 그림. 기원 없는 기원처럼, 흩어지는 안개처럼, 그런 배경으로서의 그림, 혹은 그렇게 총총 멀어졌다간 축축한 얼굴로 되돌아오는 그런 관계.

날아오르는 말과 추락하는 말

「해무」에서 자신의 기원(어머니)과 기원인 자신과 또 다른 기원이 되기를 기대하는 딸 사이에서 '관계'를 고민하던 작가는 다시 백지로 돌아와 새로운 밑그림을 그린다. 점이 모여 선이 되고 선이 모여 무수한 '나'가 만들어지는(「켈리그라피」) 것 같은.

재난은 인간을 겸손하게 만들어 신앙으로 이끈다. 가장 단순한 신앙의 공간과 의식이라는 의미를 담고 있는듯했다. 하늘은 인간이 만질 수 없고 알 수도 없는 존재다. 암각화에 새겨 하늘에 제사를 지내는 신성한 곳으로 여겨진다.
인간의 사냥법을 새겨 놓은 암각화는 신비로운 생명의 천체도 같다. 인간으로 태어나 자기모습 하나 그려 놓는 것이 그리 쉬운 일이던가. 지금 이 시대를 살아가는 발자국이 모래 한 알갱이라도 빛나는 천체도 일부분임을 느낀다.

- 「생명의 천체도」

이 그림에서 작가는 장르적 관습을 탈피하려는 듯, 산문적 언어를 시적으로 변주하고 있다. 작가의 시선은 과거와 현재, 신화와 세속의 이분법적 경계를 넘어 새로운 풍경을 직조해 낸다. 그 이야기는 작가가 "길 위의 인문학 프로그램에 참여"하여 대곡천으로 향하면서 시작된다. 여기서 천(川)은 모든 생명의 원천이자 기원이며 모태인 물의 다른 이름. 물가에 닿은 작가는 강 건너 "수풀 속에서 조용히 은밀히 모습을 드러내는" "암각화"와 마주한다. 암각화는 강물의 흐름에 의해서, 비·습기·홍수와 같은 물의 속삭임에 의해서, 물의 주술에 의해서 창조된 그림이기도 하고, 지구라는 하나의 별이 탄생한 이후, 바위를 스쳐 간 해와 달과 바람, 무수한 동식물과 인간의 흔적이 새겨진 시간의 저장고이기도 하다. 암각화와 마주한 작가의 마음은 강을 거슬러 오르듯, 시간의 기원을 더듬어 찾아간다. 그녀는 암각화라는 이름 속에 공룡 발자국과 종달새 울음과 암벽에 걸린 바람, 호랑이, 멧돼지, 사슴, 희뿌연 물안개, 고래와 같은 말들을 불러 모은다. 여기서 암각화는 하나의 고유명사라기보다 무수한 생명의 에너지가 잠겨 있는 신화적 시간의 상징이다. 작가의 마음은 이러한 시간의 기원을 더듬어 찾아가는 도정을 보여준다. 그것은 뾰족한 화살촉으로 호랑이, 멧돼지, 사슴을 그리는 사냥꾼과 무수한 고래의 그림을 그리는 어부와 하늘에 제사를 지내는 제사장과 바람과 해와 달과 물과 나무…, 그 모든 것이 살아서 움직이는 세계를 향해 가는 미적 모험이다. 그녀의 도정은 "태화강 상류", "대곡천", "반구대"처럼 현실의 지도 위에 등기되지 않은 내면의 공간을 경유하여, 두 번은 갈 수 없는 그곳을 향해 날아오른다.

　작가의 언어가 닿고자 하는 그곳은 현실 세계가 아니라, 그림 속의 세계이자, 달의 저편이며, 깊고 어두운 "강물" 속의 세계이다. 이 세상에 존재하지 않는 것들이 활력을 가진 채 공존하는 이 그림 속의 세계는 현실의 시간성이 휘발된 영도의 공간이다. 그 안으로 들어간 자는 죽음이 내뿜는 매혹에 빨려들어 다시는 현실로 귀환하지 못할 터. 작가는 죽음을 통해서만 도달할 수 있는 이 불가능성의 지대에서 현실로 되돌아온다. 삶과 죽음, 신화와 세속을 가로지르는 외줄 위에서 삶 쪽으로, 무수한 모래알이 구르는 현실 속으로 추락한다. 삶(친구)이 그만큼의 힘으로 끌어당긴다. 현실에 착지한 작가는 그 후기를 이렇게 기록한다. "인간도 태어나 자신의 모습 하나 그려 놓는 것이 그리 쉬운 일이던가. 지금 이 시대를 살아가는 발자국이 모래 한 알갱이라도 빛나는 천체도 일부분임을 느낀다."라고. 여기서 우리가 발견할 수 있는 것은 시간 여행을 통해 작가가 본 것은 바위에 새겨진 인간의 무늬(人文)나 바위를 스쳐 간 무수한 생명체 그 자체가 아니라, 자신이 「생명의 천체도」의 일부라는 깨달음이다.

무수한 삶의 궤적을 돌아온 작가는, 바위에 각인된 그림과 동시에 보았을 것이다. 시간이라는 운명의 궤도 속에서 소멸을 향해 가는 자신의 운명을. 현실의 비와 바람을 뚫고 가는 모든 인간은 언젠가 시간의 품으로 되돌아가야 한다. 누구에게나 공평하게 주어진 시간은 그 속에서 발생하는 무수한 사건들을 감싸고 흘러 모두를 죽음이라는 허(虛)와 공(空)에 이르게 한다. 제각기 다른 시간을 살아가는 개체들은 시간이라는 허공에서 하나의 별로 돌아간다. 제각기 다른 시간을 만나고 무수한 경험을 하지만 결국 단 하나의 무(無)채색의 진실(죽음)에 이르게 되는 것이다. 이러한 운명의 보편성에 대한 자각이 작가를 "겸손"하게 만든다.

그 모든 '첫'을 향한 하얀 고백

 이렇게 보면, 박정숙 작가에게 수필 쓰기는 폐쇄된 일상으로부터 출구를 찾아내 새로운 세계를 찾아 떠나는 시간 여행이라 할 수 있다. 현재의 시간을 벗어나 다른 곳으로 가려는 글쓰기는 단절과 불통을 숙명으로 하는 현대인의 불행한 자의식을 극복하려는 열망과 닿아 있다. 작가는 불통으로 끊어진(斷切) 길 위에서, 어떤 틈을 발견하고 그 틈새로 자신에게 아니 우리에게도 소중했던, 그러나 지금은 사라진 존재의 이름을 불러올린다. 그 행위는 과거를 되돌아보는 행위이자, 폐쇄된 현재 안에 신화적 시간을 불러올리는 작업과 맞닿아 있다.
 이 과정에서 촉발되는 '발견의 감각'은 미지(未知)의 감각이라고 할 수 있겠다. 늘 길을 떠나지만, 다시 하얀 백지로 돌아와야 하는 것처럼, 늘 다시 시작되는 여행처럼, 다시 반복하자면 그녀의 수필은 지(知)가 아니라, 미지(未知)의 가능성 속에서 쓰인다. 그래서 더 '알(리)려고(告)' 하고, 그렇기에 다시 쓴다(手). "삶을 변화시키는 첫걸음은 생각과 행동의 변화를 통해 시작"(「금요일 오후 두 시」)한다는 작가의 말은 매번 새로운 출발점에 서겠다는 의지이자, 누군가와 마주치는 매 순간이 '첫'이길 바란다는 희망의 표현이리라.

　작가의 눈에 비친 세상은 아직 어둡다. 춥다. 모든 게 부서진 폐허만 같다. 그러나 작가는 믿는다. 죽음이 나뒹구는 전장에도 꽃이 피듯이, 이 폐허 어딘가에 너, 당신, 그대가 있으리라고. 그녀-당신-그대로 인해 내 삶이 온통 흔들리고, 그렇게 흔들려서 내 삶이 변할 것이라고. 그래서 고백한다. 너-당신-그대라는 그 머나먼 이름을 향해, 그 모든 첫 만남을 위해, 처음처럼, 두 번째 수필집을 엮는다. 다시 쓴다. 나의 마음이 너, 당신, 그대라는 이름에 닿을 때까지. 너라는 그 멀고도 가까운 거리의 지리학 안에서.